60 exercices pour booster ma recherche d'emploi

Éditions Eyrolles
61, bd Saint-Germain
75240 Paris Cedex 05

www.editions-eyrolles.com

Claude d'Estais

60 exercices pour booster ma recherche d'emploi

EYROLLES

Sommaire

Introduction

Vous entamez une recherche d'emploi et êtes à juste titre un peu inquiet de ce qui vous attend. Ce livre est là pour vous accompagner, de l'élaboration de votre projet jusqu'à la signature de votre contrat et vos premières semaines dans vos nouvelles fonctions.

Partir vers une nouvelle aventure

Que vous soyez jeune diplômé ou que vous disposiez d'une expérience professionnelle significative, la recherche d'emploi est toujours une période particulière. Considérez-la comme une aventure avec son lot de bonnes et mauvaises surprises, mais aussi de joies et d'interrogations.

Au cours des semaines qui viennent, vous allez alterner des périodes d'exaltation, mais aussi parfois d'angoisses et de doutes. Dans la mesure du possible, cherchez à positiver ce temps. Ayez à l'esprit qu'au cours de votre recherche d'emploi, vous allez apprendre sur vous, développer des nouvelles aptitudes et souvent faire de belles rencontres intéressantes et stimulantes.

S'armer et « penser large »

Pour vivre au mieux cette période et ne pas vous décourager, il est important que vous soyez bien armé, que vous connaissiez les codes du marché, mais aussi que vous « pensiez large ». Il ne faudrait pas que vous passiez à côté d'une alternative réaliste et épanouissante pour vous, car vous n'y aviez tout simplement pas pensé ou que vous l'avez exclue un peu hâtivement.

S'armer, c'est aussi adopter une démarche structurée et créative qui vous permettra d'être plus exigeant avec vous-même, mais aussi de suivre vos avancées et au besoin de procéder à certains ajustements. Pour cela, tout au long de cet ouvrage, je vous propose d'articuler votre démarche autour d'un outil de base utilisé par les professionnels du marketing : les « 4 P ».

Utiliser à son profit la démarche marketing des « 4 P »

Cette démarche largement utilisée en marketing structure le lancement d'un produit sur un marché au travers de quatre paramètres, les 4 P :

- **P**roduit, c'est-à-dire le projet professionnel que vous allez incarner.

  Quels sont ses spécificités, sa valeur ajoutée, ses qualités, son packaging ? Quelle personne êtes-vous pour porter ce projet ?

- **P**romotion, c'est-à-dire vos outils de communication (CV, profil LinkedIn…).

  Comment optimiser la communication du produit ? Quels sont les messages phares ?

- **P**lace (canaux de distribution en français), c'est-à-dire votre stratégie de recherche.

  Quels sont les réseaux que vous allez solliciter ? Quelles cibles allez-vous travailler ? Où allez-vous vendre votre produit avec le plus d'efficacité ? Quel est votre marché ?

- **P**rix, c'est-à-dire le prix de votre valeur.

  Quel est le bon prix du produit compte tenu du marché et des attentes consommateurs ? Quel est le niveau de rémunération auquel vous pouvez prétendre compte tenu de votre profil ?

Le parallélisme de cette démarche marketing avec celle de la recherche d'emploi est évident, mais surtout éclairant sur l'attitude marketing et proactive qui va vite devenir la vôtre. Pour vous approprier cette démarche, vous devez impérativement répondre au questionnement suivant :

1. Qui suis-je ? Qu'est-ce que je veux faire : quel est mon projet ?
2. Comment le dire : mes outils.
3. Le dire, mais à qui ? : mon réseau, mes cibles, mon marché.
4. Quel est mon prix sur ce marché ? Quelles sont mes prétentions salariales ? Quel est mon niveau de rémunération ?

La recherche d'emploi n'est pas une science exacte

Au cours de votre recherche, pour maximiser l'efficacité de vos efforts, vous allez travailler avec rigueur et méthode pour vous donner tous les moyens d'arriver à vos fins. Il est pour autant important que vous intégriez dès maintenant que la recherche d'emploi n'est pas une science exacte et que parfois le hasard s'y invite avec ses côtés positifs comme négatifs.

De même, il sera important de vous souvenir que « l'envie de travailler ensemble » est au cœur de la décision de tout recrutement et que par essence c'est un sentiment qui ne peut se commander ni s'expliquer complètement.

Soyez donc méthodique et rationnel dans votre démarche, mais sachez-en aussi accueillir l'imprévu et l'irrationnel sans pour autant vous remettre en question trop profondément.

Chapitre 1
SE METTRE EN ORDRE DE BATAILLE POUR PARTIR DU BON PIED

Se mettre en ordre de bataille, c'est se mettre dans la bonne disposition d'esprit, mettre en place la bonne organisation et se donner les moyens d'agir le plus efficacement possible. Pour être parfaitement aligné sur votre objectif, il est important de ne négliger aucun paramètre, que cela soit votre mental ou matériel.

Être ouvert au changement et accueillir positivement ses implications

Espérer, imaginer et rêver à de nouvelles évolutions professionnelles est le fait de beaucoup d'entre nous. Mais accepter positivement les conséquences que pourraient avoir ces nouvelles fonctions ou activités professionnelles sur notre vie n'est pas toujours une démarche aisée.

Tout changement est en effet porteur de stimulations, mais également de freins. Même un changement mineur suppose un renoncement. C'est pourquoi il n'est pas toujours évident et naturel de se mobiliser pour démarrer une recherche d'un nouvel emploi, si vous n'y êtes pas véritablement obligé par des circonstances particulières.

Vous pouvez vous sentir à l'étroit dans votre poste ou percevoir des signaux peu favorables au sein de votre entreprise actuelle, mais êtes-vous prêt à vous impliquer dans une démarche structurée qui va requérir de votre part temps et investissement personnel ?

▨ Considérez la résistance au changement comme normale

La résistance au changement est un mécanisme d'adaptation profondément ancré dans notre cerveau. Vouloir fuir ou éviter les situations que nous percevons comme susceptibles de porter atteinte à notre confort, notre sécurité, nos valeurs et notre équilibre est un comportement profondément ancré en nous.

Comme tous les êtres vivants, nous mettons en œuvre des stratégies pour nous éviter la souffrance. La résistance au changement est donc tout à fait normale : c'est une forme de survie. Notre cerveau va réagir pour nous éviter une souffrance qu'elle soit réelle, anticipée ou imaginée.

Pour avancer et dépasser ce blocage, il faut tout simplement se demander si la souffrance ou le déplaisir à long terme provoqué par notre situation actuelle ne sera pas pire que ce que nous cherchons aujourd'hui à éviter en mettant en place des mécanismes de résistance au changement.

▨ Mettez au jour les bénéfices cachés de votre situation actuelle

Que vous soyez en poste ou même hors poste, si vous êtes totalement honnête avec vous-même, vous constaterez que vous tirez des bénéfices cachés d'une situation même si elle peut parfois être au quotidien très douloureuse à vivre.

Pour que vous soyez réellement efficace tout au long de votre démarche, il est donc important pour vous d'identifier ces bénéfices cachés qui constituent potentiellement des freins pour vous.

L'exemple de...

Bernard, un aventurier non assumé

Son master de marketing obtenu, Bernard a connu une progression très rapide au sein de la direction marketing d'un grand groupe de grande consommation. Bien qu'universitaire, il a réussi à s'affirmer dans un univers très compétitif de jeunes diplômés largement issus de grandes écoles. Son parcours diversifié dans le groupe lui a permis de se constituer un bon réseau au sein de son entreprise et d'être reconnu comme le spécialiste incontournable de certains sujets. Pourtant, après dix années, il ressent une certaine lassitude et aspire à un certain renouvellement et serait bien tenté par une nouvelle aventure dans un secteur différent comme la pharmacie ou le luxe. Peu à peu, cette idée devient de plus en plus prégnante à son esprit alors que parallèlement sa motivation pour ses fonctions actuelles s'érode au point de ressentir son travail comme une contrainte, voire comme un certain asservissement.

Pour autant, Bernard ne met rien en place pour débuter réellement une recherche d'emploi. C'est en faisant un travail sur lui-même qu'il prend conscience qu'il est extrêmement important pour lui de recevoir au quotidien des signes de reconnaissance de son environnement de travail et qu'il craint de ne pas retrouver chez un nouvel employeur ces retours valorisants dès son intégration. Conscient de ce point, il décide alors de rester dans son entreprise, mais de se renouveler en élargissant ses fonctions à de nouveaux domaines.

De même, une situation d'inactivité professionnelle, même si vous pouvez la vivre comme très angoissante, peut être à l'origine de certains bénéfices secondaires constituant des freins à votre recherche : temps, liberté, disponibilité à votre famille et votre entourage, motif de vos plaintes...

Exercice 1 – J'identifie les bénéfices cachés de ma situation actuelle

Prenez du recul par rapport aux difficultés de votre situation actuelle pour vous poser tranquillement et sereinement les questions suivantes :

1. Si vous êtes en poste :
- Quels sont mes motifs de satisfaction de ma situation actuelle dans ma sphère professionnelle ?
    - reconnaissance ;
    - réseau relationnel ;
    - proximité avec le produit ;
    - intérêt intellectuel ;
    - sens ;
    - utilité sociale...
- Mon « capital professionnel »
    - Est-il fortement lié à mon entreprise ou mon activité actuelle ? Si oui, pourquoi ?
    - En quoi ce « capital professionnel » est-il important pour moi ?
    - Que signifierait pour moi son abandon ou, pire, sa perte ?
- Quels sont mes motifs de satisfaction de ma situation actuelle dans ma sphère privée :
    - localisation de l'entreprise ?
    - équilibre vie privée/vie professionnelle ?

- surinvestissement personnel et/ou surcharge de travail comme échappatoire à d'autres activités ?
- insatisfaction et frustration comme support à mes humeurs et plaintes ?

...

2. Si vous êtes hors poste :
- Quels sont les éléments de confort que m'apporte ma situation actuelle ?
  - absence de contraintes ;
  - liberté de m'organiser ;
  - possibilité de régler des dossiers ou projets en suspens (questions administratives, bricolage, rendez-vous médicaux...) ;
  - temps pour mes activités personnelles (sports, lecture, activités culturelles, méditation, repos...) ;
  - disponibilité pour mes proches ;
  - possibilité d'exprimer une insatisfaction... qui parfois dépasse ma recherche d'emploi ;
  - etc.

Une fois que vous aurez pris conscience de ces bénéfices cachés et intégré qu'ils peuvent se révéler parfois de vrais freins à votre recherche d'emploi, vous pourrez commencer à vous interroger plus précisément sur l'objectif que vous vous fixez et sur la stratégie de recherche que vous souhaitez mettre en œuvre.

Mettre au jour d'éventuels conflits de loyauté

Vous êtes en poste et ressentez le besoin d'évoluer vers de nouveaux horizons, mais vous n'arrivez pas à franchir le pas. Il peut être alors utile de vous interroger si vous ne considérez pas qu'entamer une telle démarche serait déloyal vis-à-vis de votre entreprise ou de votre management ou de votre équipe. Si c'est le cas, demandez-vous si vous n'êtes pas prisonnier d'un conflit de loyauté qui vous enferme dans une situation dans laquelle vous ne vous autorisez pas à vous donner toutes les chances de réussir un changement pourtant si important pour vous.

En examinant de près votre situation, vous vous apercevrez bien souvent que c'est vous qui êtes l'élément central de ce système qui vous enferme :

- c'est *vous* qui vous êtes fixé ce «contrat moral» envers un tiers ou des tiers sans que ce contrat n'ait jamais été explicite;
- c'est la valeur que *vous* attachez à ce lien qui le rend aussi solide qu'un véritable contrat.

Soyez également conscient que ce conflit peut être également un alibi pour éviter la question centrale et de fond: et si je le faisais quand même?

Seul un véritable travail sur vous-même et de prise de conscience vous permettra de vous autoriser à transgresser cet accord tacite. Pour pouvoir dépasser ce conflit, vous devez en effet réussir à réconcilier votre besoin de rester fidèle à vos valeurs et le sentiment de les trahir.

Une des voies pour vous libérer de ce conflit est de vous affranchir du contrat sans pour autant détruire le lien et l'attachement qui vous unissent à l'autre partie: entreprise, équipe, N+1.

Exercice 2 – Je gère un conflit de loyauté

1. Ne négligez pas ces freins qui vous renvoient à vos valeurs personnelles. Ils sont souvent l'expression d'un conflit de loyauté.
2. Formalisez clairement le contrat que vous vous imposez.
3. Passez en revue les différents acteurs de ce contrat et cernez la perte réelle que leur procurerait un manquement de votre part à l'obligation que vous vous imposez spontanément. Vous vous apercevrez que cette perte est bien souvent beaucoup plus minime que vous le ressentiez.
4. Mettez au jour vos valeurs personnelles qui vous paraissent attaquées dans ce dilemme.
5. Faites la différence entre un contrat clair et le contrat implicite que vous vous imposez. Sachez que l'autre partie n'a pas toujours conscience de ce contrat et qu'elle peut également ne pas s'estimer mise en difficulté si vous n'honoriez pas ses termes.
6. Distinguez le contrat et le lien qui vous unissent à l'autre partie – lien que vous pouvez continuer à entretenir.

Faire son deuil de sa situation passée

Le changement peut être aussi vécu par sa brutalité comme une agression de votre être profond.

C'est souvent le cas lors d'un licenciement ou d'une rupture conventionnelle pas véritablement choisie. Cela peut aussi parfois être le cas pour un jeune diplômé s'insérant sur le marché du travail ou pour une personne conduite à reprendre une activité professionnelle après une interruption de longue durée. Elle doit accepter pleinement un changement avec ses aspects positifs, mais également ses contraintes, comme d'abandonner une vie d'étudiant pour passer à celle d'un jeune professionnel, être moins disponible pour ses proches, accepter l'autorité d'un hiérarchique...

▦ Intégrez les différentes étapes du changement subi

À partir de travaux sur le deuil après la mort d'un proche, Elisabeth Kübler-Ross, psychiatre et psychologue suisse, a modélisé les différentes étapes d'un processus de changement subi au travers d'une courbe.

Pour Elisabeth Kübler-Ross, cette courbe est un processus naturel par lequel passe toute personne devant faire face à un changement soudain et subi dans son quotidien, qu'il soit professionnel ou même personnel (perte d'un proche, d'un objet, d'une activité, déménagement...).

Cette courbe se caractérise par deux cycles :

- d'abord, une phase descendante tournée vers le passé qui s'accompagne d'une attitude négative et contre-productive ;
- ensuite, une phase ascendante où l'attitude est productive, tournée vers l'avenir et le positif.

Cette courbe se traduit par cinq étapes qui vont durer plus ou moins longtemps selon la personnalité de chacun, la nature et l'intensité du changement, mais aussi de son histoire personnelle.

Étape 1 – Le choc et le déni

Le changement pressenti s'impose désormais avec d'autant plus de brutalité qu'il est subi. La personne se sent alors désorientée et seule. Elle va avoir tendance à nier la perte ou éviter d'en parler. Le déni est d'autant plus fort que le changement touche à des éléments importants pour elle et qu'il est inattendu. Dans la majorité des cas, la personne essaie de gagner du temps en refusant de se confronter à la réalité.

Étape 2 – La colère

La colère accompagnée d'un sentiment d'injustice succède au déni. La colère, qui au départ s'exprimait contre la perte, va peu à peu se tourner vers l'environnement. La personne va ainsi souvent rechercher un responsable de la situation et peut se polariser sur des personnes qui sont totalement extérieures à l'événement qu'elle vient de vivre. Cette colère peut être aussi une façon d'éviter d'autres sentiments sous-jacents comme la tristesse ou la peur.

La colère est une réaction inconfortable, mais utile, car elle prépare à l'action puisqu'elle est elle-même une mise en action.

Étape 3 – Le marchandage

La personne ressent alors de la culpabilité comme si elle était la seule responsable de ce qui lui est arrivé. C'est une phase plus intériorisée. La personne cherche alors à effacer la perte ou à aménager l'avenir pour se prémunir contre une issue défavorable à la situation actuelle. Elle peut également se blâmer de la perte de l'objet et exprimer du regret de ne pas avoir fait ce qu'il fallait faire sans pour autant savoir exactement ce qu'elle aurait dû faire. Enfin, au cours de cette étape, la personne se demande à quelles conditions elle est prête à accepter ce changement : elle marchande avec elle-même.

Étape 4 – La tristesse

La personne prend conscience de l'importance attachée à l'objet perdu et de l'irréversibilité de la perte. Cette étape se caractérise par le retour à la réalité et à son acceptation. C'est une étape décisive, car c'est le début de la transition vers la phase ascendante. C'est pourtant une période difficile à vivre où découragement, sentiment d'inutilité voire dépression sont présents. Pourtant, paradoxalement, c'est l'étape qui met un terme à la descente et qui conduit au renouveau.

Étape 5 – L'acceptation et le renouveau

La personne accepte la perte et son impossibilité d'y remédier. Elle ne cherche plus à refaire le passé. Elle se tourne vers l'avenir. Elle peut alors se découvrir de nouvelles énergies et s'investir dans de nouveaux projets.

C'est au cours de cette phase qu'elle peut aussi se pardonner à elle-même et se libérer de sa culpabilité et même pardonner aux auteurs de la perte. La personne est alors prête à aller de l'avant. Elle peut également prendre conscience du cadeau caché. Sans ce changement – certes brutal –, elle n'aurait pas connu cet état et ses bénéfices.

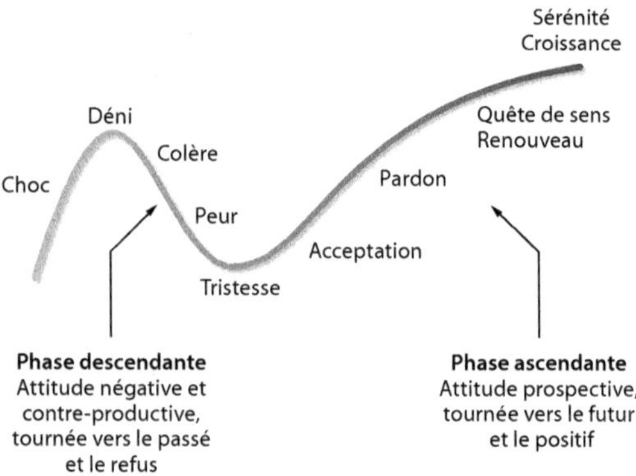

La courbe du deuil

Exercice 3 – Je me situe sur la courbe du changement subi

1. Vous vous levez le matin avec joie et motivé par les découvertes et les rencontres que vous allez faire :

   OUI   NON

2. Vous parlez sans trop d'amertume du changement que vous avez subi :

   OUI   NON

3. Vous ne cherchez pas à refaire l'histoire et à imaginer ce que vous auriez pu faire :

   OUI   NON

4. Vous envisagez votre situation actuelle comme une opportunité de vous renouveler ou même comme une chance et un temps qui vous est donné pour vous découvrir de nouveaux talents et intérêts :

   OUI   NON

5. Si vous avez répondu «oui» aux quatre questions, vous avez quasiment tourné la page et êtes prêt à commencer à travailler votre projet.

6. En revanche, si vous avez répondu «non» à plusieurs questions, il serait utile que vous vous interrogiez sur le fait de savoir s'il ne serait pas plus sage pour vous de reporter votre démarche à un peu plus tard ou éventuellement de vous faire accompagner par un professionnel.

Gérer son temps

Que vous soyez en poste ou hors poste, gérer votre temps va vite devenir un de vos challenges. Surtout si vous êtes en poste, s'engager dans la recherche d'un nouvel emploi nécessite du temps et parfois de revoir son organisation personnelle pour pouvoir notamment travailler et activer son réseau.

Vous êtes en poste

C'est le moment d'être plus rigoureux dans la gestion de vos priorités ou de vous appuyer davantage sur votre équipe si vous êtes en position de management.

Considérez d'ailleurs qu'activer votre réseau peut générer des retombées positives au niveau de vos activités professionnelles actuelles, que cela soit en termes d'organisation ou plus directement d'opportunités de business. Vous allez en effet vous confronter à d'autres visions et ouvrir votre prisme à d'autres idées et manières de travailler, ce qui ne peut être que bénéfique pour votre poste actuel. Donc, ne culpabilisez pas!

Vous êtes en transition professionnelle

Au départ, à juste titre, vous craignez d'être un peu déphasé par un emploi du temps beaucoup moins intense et rythmé que celui que vous aviez jusqu'à il y a quelques semaines. Sachez pourtant qu'une recherche d'emploi est un véritable job à plein temps et que vous allez très vite devoir gérer au plus près votre agenda entre vos rendez-vous réseau, un travail de préparation en amont pour générer ces rendez-vous, les préparer et les suivre, mais aussi affûter en permanence vos outils marketing au marché.

Il vous faudra d'ailleurs souvent «défendre» votre temps et résister aux sollicitations de votre entourage qui va très vite vous suggérer de nombreuses activités: bricolage dans la maison, accompagnement d'enfants, entraînements sportifs, services divers...

Méfiez-vous des phrases qui commencent par : « Toi qui as un peu de temps. » Dites-vous bien que vous n'avez pas plus de temps que les autres car vous êtes à temps complet sur votre job qui est de trouver votre nouvelle activité professionnelle. Assumez de passer pour un égoïste en restant polarisé sur votre objectif !

▉ Dites « stop » à la procrastination !

La procrastination dans cette période peut être pour certains le plus grand ennemi. Procrastiner, c'est avoir tendance à vouloir toujours différer et remettre au lendemain certaines actions. C'est souvent la peur qui nous conduit à procrastiner : peur de se tromper, peur de ne pas être à la hauteur, peur de ne pas être aimé, peur de se mettre en danger et de perdre le contrôle d'une situation...

Le procrastineur se trouve toujours de bonnes raisons pour ne pas avancer sur les projets qui le dérangent :

- « J'ai pas le temps » ;
- « J'ai mieux à faire » ;
- « Je dois ranger mon bureau » ;
- « Je dois m'occuper de mes enfants » ;
- « Je dois réparer l'aspirateur »...

Ne pas vouloir se confronter au risque et à l'inconnu est au cœur du mécanisme de la procrastination qui se renforce par la spirale de la perte de confiance.

Lorsque vous entamez une recherche d'emploi, procrastiner peut être une tentation. C'est une activité que vous ne dominez pas et qui va vous confronter à des interlocuteurs que vous connaissez peu ou pas du tout, à des processus, des visions différentes. De plus, vous êtes face à un enjeu qui vous concerne directement et vous renvoie à vous-même : trouver un nouveau poste.

Procrastiner est parfois un blocage que vous allez devoir dépasser. Pour cela, il est important que vous ayez à l'esprit deux éléments :

- prendre un risque ne conduit pas nécessairement à l'échec et peut être au contraire source de plaisir : le risque n'est-il pas au cœur de nombreux jeux ?
- vouloir minimiser à tout prix son risque neutralise la capacité à prendre des initiatives. Or, c'est en expérimentant et en prenant le risque de l'apprentissage que l'on se découvre de nouvelles ressources.

Exercice 4 – Je lutte contre la procrastination

1. Faites une « to do list » avec des tâches très précises et détaillées. Évitez d'être vague : plus une tâche est générale, plus il est difficile de s'y mettre. Plus une tâche est définie, plus vous éviterez de vous interroger sur comment la faire et plus vous vous y mettrez directement.

2. Commencez par ce qui vous paraît le plus simple : le plus dur est souvent de commencer. Une fois lancé, vous trouverez plus facilement les ressources pour vous attaquer aux actions plus délicates et difficiles.

3. Fragmentez une tâche en plusieurs petites tâches : plus une tâche vous paraîtra petite, plus elle vous paraîtra facile à accomplir.

4. Allouez un temps défini à chaque tâche : vous commencerez plus facilement en ayant à l'esprit que cette tâche ne vous occupera pas tout votre temps et vous serez également plus efficace.

5. Centrez-vous sur vos tâches en vous coupant d'éventuelles sources de distraction : mettez votre téléphone en mode « silencieux » et préférez traiter vos mails globalement sur des temps que vous aurez fixés auparavant (toutes les deux heures, par exemple).

Être patient, mais impliqué

La signature d'un nouveau contrat ne dépend pas QUE de vous. La durée d'une recherche d'emploi est variable et est fonction de différents éléments :

- le type de changement envisagé : le couplage changement de fonction plus changement d'entreprise est souvent plus long à mettre en œuvre, car il induit un double choix de la part de votre nouvel employeur qui doit à la fois se prononcer sur votre capacité à vous adapter à sa culture, mais aussi sur votre capacité à évoluer sur une nouvelle fonction dans un environnement nouveau ;

- le niveau de poste que vous recherchez : les postes de débutant ou management intermédiaire sont numériquement plus nombreux que les postes de direction. Si vous êtes un cadre dirigeant, les opportunités seront logiquement plus rares, compte tenu du caractère pyramidal d'une organisation... mais les potentiels candidats disposant du bon niveau d'expérience sont moins nombreux. Dans tous les cas, il vous faudra souvent être patient, mais être parfaitement préparé lorsque la bonne ouverture se présentera pour vous ;

- votre habitude de l'exercice : comme toute activité, une recherche d'emploi requiert un temps de rodage qui sera plus ou moins long en fonction de votre connaissance et de votre pratique au préalable de l'exercice. Vous faire accompagner peut vous aider à « compresser » ce temps ;
- votre connexion au marché : plus vous disposerez d'un réseau actif, plus il vous sera facile de l'activer sur votre projet. Par ailleurs, disposer déjà d'une vraie connaissance du marché constitue un réel atout pour démarrer une recherche. Connaître précisément les typologies des profils recherchés par votre secteur, les entreprises et leurs écosystèmes positionnés sur votre terrain de recherche vous permettra d'être tout de suite plus efficace dans votre recherche.

▓ Soyez patient

Il est donc important pour vous d'être patient pour ne pas vous précipiter sur n'importe quelle opportunité qui pourrait se révéler une véritable erreur ou vous faire perdre beaucoup de temps voire même vous décrédibiliser.

Pour autant, il est fondamental que vous restiez mobilisé en permanence pour ne pas passer à côté d'une occasion favorable. Il vous faut pour cela être en éveil permanent pour détecter les opportunités et les travailler avec précision pour faire la différence en entretien.

Vous vous engagez ainsi dans une course de fond avec quelques beaux sprints. Le recrutement n'est pas un processus linéaire. Vous allez devoir faire preuve de patience et intégrer qu'une entreprise ne fonctionne pas sur le même calendrier que le vôtre. Pour autant, il va vous falloir rester impliqué et motivé tout au long de votre recherche. Pour cela, vous allez devoir vous organiser et planifier vos actions avec précision en vous fixant vous-même des échéances.

Le plus dur est de s'y mettre (cf. *exercice 4, p. 15*) et comme il faut un commencement à tout, obligez-vous, pour vous « mettre en jambes », à démarrer par des démarches pas trop engageantes dont les enjeux ne sont pas trop importants pour vous. Cela vous mettra en confiance, mais surtout cela vous aura permis de passer à la phase action.

Parallèlement, mettez en place assez vite votre organisation et logistique personnelle et créez-vous au besoin un espace physique de travail dédié à votre recherche d'emploi. L'idéal est bien sûr de pouvoir disposer d'un bureau fixe, mais ce n'est pas toujours possible. Cependant, une gestion et une organisation rigoureuses permettent de surmonter cette question.

▦ Après une rupture brutale avec votre ex-employeur : avancez quand vous êtes prêt

Si vous êtes en transition professionnelle, il peut être utile que vous vous accordiez un sas de décompression avant de vous mettre en marche. La perte d'un emploi est une épreuve que chacun vit différemment selon son histoire personnelle, son tempérament et ses fragilités.

Il est normal que vous ayez du mal à tourner la page.

L'important n'est pas de démarrer au plus vite votre recherche, mais de la démarrer lorsque vous avez suffisamment avancé dans votre processus de deuil (cf. *exercice 3, p. 12*).

Vous accorder un vrai temps de vacances peut vous permettre de vous ressourcer physiquement après des semaines qui peuvent avoir été très éprouvantes et stressantes.

C'est aussi une coupure qui va acter votre changement de statut et vous permettra à votre retour de vous mobiliser pleinement sur votre nouvel objectif. Il y aura un « avant » et un « après » cette coupure.

Soyez conscient que votre cas n'est pas unique

Les séparations sont devenues de plus en plus courantes ces dernières années. Le dispositif de la rupture conventionnelle qui facilite les modalités de séparation est, depuis sa mise en place en 2008, de plus en plus utilisé.

Il devient de moins en moins rare que des cadres à fort potentiel connaissent une ou plusieurs périodes de transition professionnelle ; cela ne les empêche pas de réussir parfaitement dans de futures fonctions.

Ne préjugez pas de vos forces

Tant que les sentiments d'injustice, d'humiliation sont toujours présents chez vous, ne préjugez pas de vos forces, vous n'êtes tout simplement pas prêt à entamer votre recherche d'emploi. Plutôt que de brûler des cartouches car vous n'êtes pas dans le bon mental, différez vos démarches pour les reprendre lorsque vous serez dans de meilleures dispositions.

Si vous n'arrivez pas à dépasser cette épreuve qui s'apparente à un deuil, il peut être utile pour vous de vous faire accompagner par un professionnel.

Se méfier des personnes toxiques...
même si elles sont pleines de bonnes intentions

Au cours de votre recherche d'emploi, vous allez rencontrer et interagir avec de nombreuses personnes, et ce notamment lors de vos entretiens réseau. Statistiquement, ces différents contacts vont vous mettre en présence de « toxiques » qui, sous le couvert de vouloir vous aider, torpilleront votre élan en vous assénant des conseils plus ou moins pertinents, mais toujours décourageants ou en vous proposant de rencontrer certaines de leurs relations, rencontres qui s'avéreront des pertes totales de temps.

Une recherche d'emploi catalyse ce type d'individus qui sont avant tout à la recherche d'une utilité sociale pour leur ego personnel. Pour certains toxiques, penser aider une personne en recherche d'emploi est également une occasion qu'ils saisissent pour exorciser leur propre peur de vivre une situation de chômage. Mais cela peut être également souvent des personnes assoiffées de reconnaissance qui, par la critique négative et systématique de leur environnement, cherchent à se réassurer sur eux-mêmes.

Votre mission est alors de les identifier le plus tôt possible pour ne pas vous faire phagocyter et ainsi vous prémunir des effets néfastes qu'ils pourraient avoir sur votre moral et votre recherche.

Le plus délicat est bien évidemment de gérer ceux qui se situent dans votre environnement proche et qui sont le plus souvent pleins de bonnes intentions.

Exercice 5 – Je gère les personnes toxiques

1. Identifiez le toxique le plus tôt possible : vous ne pâtirez pas de ses effets négatifs trop longtemps et il vous sera plus facile de le neutraliser, la relation ne s'étant pas installée.
2. Soyez ferme avec le toxique. Envoyez-lui clairement le message que vous n'êtes pas en état de faiblesse.
3. Montrez au toxique que votre recherche d'emploi est « sous contrôle » (votre contrôle) et que vous exploitez avec méthode toutes les pistes et que, de ce fait, vous êtes très occupé.
4. Pour éviter de le vexer en refusant son aide, indiquez-lui que pour le moment vous êtes en phase très active et que vous vous concentrez sur des actions prioritaires avec une gestion de votre temps extrêmement serrée.
5. Au besoin, assumez de passer pour un malotru, votre recherche d'emploi est primordiale.

Se faire accompagner... ?

Une recherche d'emploi est une course de fond avec ses usages et ses codes. Pour gagner du temps, mais également ne pas rester isolé, il peut être utile de se faire accompagner, même si vous êtes en poste.

Un accompagnement peut être aussi utile si vous avez le sentiment de tourner en rond. Peut-être avez-vous besoin de travailler avec le regard extérieur d'un tiers qui vous stimulera et dans certains cas vous aidera à dépasser vos blocages.

Différentes possibilités – qui ne s'excluent pas les unes les autres – existent. L'important est que vous trouviez la formule ou la combinaison de formules qui vous convient le mieux.

■ Choisissez le bon cabinet d'outplacement...

Dans le cadre de départs négociés, certaines entreprises proposent aux collaborateurs dont elles se séparent d'être accompagnés par un cabinet d'out-placement qu'elles vont rémunérer directement. Réservé jusqu'à maintenant à des cadres dirigeants, pour des questions de coûts, l'outplacement tend à se démocratiser et est de plus en plus souvent proposé à des cadres de middle management par les entreprises soucieuses de préserver leur bonne image employeur.

Les honoraires du cabinet varient. En général, c'est un pourcentage du salaire annuel brut qui varie entre 10 et 25 % en fonction du type d'accompagnement proposé et surtout de sa durée (de trois mois à une durée illimitée).

Un cabinet d'outplacement, outre un accompagnement individualisé, offre la possibilité de participer à de nombreux ateliers collectifs et normalement l'accès à des bureaux de type coworking.

La mission d'un cabinet d'outplacement est de vous accompagner dans votre retour à l'emploi que cela soit sur une fonction de salarié ou en créant vous-même votre propre activité.

Pour cela, les cabinets s'appuient sur des méthodologies en plusieurs étapes construites autour :

- d'une phase de bilan qui va vous permettre d'avoir une meilleure connais-sance de vous-même et de votre portefeuille de compétences, mais aussi de vos attentes par rapport à une activité professionnelle ;
- d'une phase de construction de votre projet professionnel ;
- d'une phase de définition de la stratégie de recherche ;
- d'une phase d'exécution.

... mais, surtout, le bon consultant

C'est lui en effet qui va vous accompagner tout au long de votre période de transition de carrière. Il est donc important que vous ayez le « fit » et que vous vous sentiez en confiance, mais aussi qu'il ait la capacité à vous confronter à des points que vous souhaiteriez éluder.

Vous devez aussi absolument percevoir ce que votre consultant va vous apporter en termes de valeur ajoutée personnelle. Pour cela, vous devez le questionner sur sa manière de travailler en cherchant à aller au-delà du discours classique centré sur les méthodologies.

N'hésitez pas à rencontrer plusieurs cabinets d'outplacement. Faites-vous également préciser les engagements de services du cabinet, à savoir la durée de la prestation et surtout le temps consacré au suivi individuel.

Exercice 6 – Je choisis le bon cabinet d'outplacement

1. Rencontrez au minimum trois cabinets et assurez-vous que vous serez suivi par le consultant que vous avez rencontré.
2. Cherchez à identifier la plus-value personnelle du consultant rencontré en termes :
- de qualité d'écoute ;
- de relationnel lui permettant d'interagir efficacement et avec tact avec vous, sans pour autant vous ménager ;
- de connaissance et compréhension de votre marché ;
- de connaissance des modes de fonctionnement des recruteurs et décideurs ;
- d'implication personnelle dans votre démarche et disponibilité ;
- de capacité à aller dans les détails, mais aussi à vous donner des inputs ;
- de hauteur de vue et finesse d'esprit.
3. Interrogez-vous sur la nature de votre besoin :
- Est-il impératif pour vous de passer par la phase « bilan » ?
- Quels sont les apports que vous attendez de votre consultant (hiérarchisez-les par ordre d'importance) ?
  - la construction de votre projet professionnel ;
  - la définition d'une stratégie de recherche ;

- la formalisation de votre proposition de valeur ;
- la mise au point de vos outils ;
- la sensibilisation à la démarche réseau et une aide à son activation ;
- la préparation de vos entretiens réseau et de vos entretiens de recrutement ;
- l'accompagnement lors de la signature de votre contrat (« closing ») ;
- le soutien moral pendant cette période...

4. Évaluez précisément vos besoins en termes d'accès à des bureaux de type coworking. Prenez connaissance en détail de l'offre d'atelier du cabinet et renseignez-vous sur les espaces d'échange avec vos pairs proposés par le cabinet.

5. Choisissez votre cabinet *uniquement* sur le feeling que vous avez eu avec le consultant et sur sa plus-value personnelle par rapport à votre problématique. Souvenez-vous que c'est lui qui va vous accompagner tout au long de votre recherche. Il est nécessaire que vous vous sentiez en confiance avec lui, mais également impératif qu'il soit en capacité de vous confronter à des réalités.

6. Au besoin, demandez à votre entreprise de rencontrer un autre cabinet ou proposez à votre entreprise la prestation d'un cabinet que vous aurez rencontré directement.

7. Négociez habilement avec votre entreprise pour bénéficier d'un accompagnement suffisamment long (minimum six mois) pour pouvoir faire un travail de qualité et démarrer sereinement votre recherche d'emploi.

8. Si vous disposez d'un budget un peu serré ne vous permettant pas d'accéder au bon niveau de cabinets et de consultants, posez-vous la question de convertir votre budget en un accompagnement individuel avec un coach spécialiste de la transition professionnelle que vous aurez choisi avec soin.

▓ Passez *via* des associations spécialisées

Des associations de grande qualité existent, que cela soit sur la région parisienne, en province ou même à Londres. Reposant sur le principe du bénévolat, elles ne demandent qu'une participation financière modique à leurs adhérents.

Chacune de ces associations a ses propres spécificités et ses propres conceptions de l'accompagnement. Certaines, comme l'Avarap ou Grandir, proposent des accompagnements collectifs en s'appuyant sur la dynamique du travail en groupe. D'une manière générale, elles cherchent à mixer au sein des groupes des cadres en repositionnement professionnel avec des cadres en poste désireux de réorienter leur carrière. Rejoindre ce type de groupe implique un investissement personnel fort et une participation assidue aux différents travaux de groupe. Ces parcours extrêmement structurés sont conçus sur des périodes pouvant aller jusqu'à huit mois.

Avant de vous engager dans ce type de démarche, il est impératif que vous ayez intégré la philosophie générale du parcours qui vous est proposé, mais aussi que vous ayez quantifié l'investissement personnel qui va vous être demandé.

S'il est important pour son bon fonctionnement que le groupe comporte une certaine diversité en termes de parcours et de secteurs, assurez-vous que vous y trouverez des personnalités et des profils avec lesquels vous pourrez interagir dans le cadre d'échanges féconds.

D'autres associations (comme Oser 78 ou Oser 92…) proposent des cycles de formation collectifs et intensifs sur des périodes plus courtes (trois semaines à un mois à plein temps) couplés à un suivi personnalisé à l'issue du cycle par des cadres en activité ou en retraite.

■ Appuyez-vous sur les pôles « carrière » des associations d'anciens élèves

Enfin, ne négligez pas les pôles « carrière » des associations d'anciens élèves de grandes écoles qui offrent toute une panoplie d'ateliers allant de la construction du projet professionnel à la préparation des entretiens. Certaines associations ouvrent d'ailleurs leurs ateliers à des cadres non issus de leur école.

Ces ateliers, souvent d'une durée de deux heures à une demi-journée, sont très utiles pour acquérir et intégrer les basiques et procéder éventuellement à certains ajustements fructueux dans vos démarches.

■ Travaillez avec un « buddy »

Ne cherchez pas à travailler avec une personne ayant un profil se rapprochant trop du vôtre. L'idéal est que vous partagiez un certain nombre de valeurs personnelles et surtout que votre « team » fonctionne dans une dynamique positive de partage et d'entraide.

Prenez votre « buddy » comme un « sparring-partner » auprès duquel vous allez tester et enrichir certains argumentaires et idées. Ne négligez pas non plus l'effet de stimulation que peut vous apporter ce type de travail.

Pouvoir vous appuyer sur votre « buddy » tout au long de votre recherche peut être une vraie chance, surtout en cas de baisse de moral.

■ Travaillez avec un coach spécialiste de la transition professionnelle

C'est une formule très souple qui présente des avantages certains, que vous soyez en poste ou en transition professionnelle.

Si vous êtes en poste, vous faire accompagner par un professionnel peut être un réel booster. Cela vous permettra notamment de gagner du temps et d'être plus précis, que cela soit dans la définition et l'exécution de votre stratégie de recherche et la préparation fine de vos entretiens réseau ou de recrutement.

Si vous êtes en transition professionnelle, ce type de prestation peut être une excellente alternative à un cabinet d'outplacement. Avec un budget moins conséquent, vous devriez bénéficier d'un accompagnement plus personnalisé et de davantage de proximité.

Pour choisir votre coach, il est cependant extrêmement important que vous vous assuriez de son expertise en matière de transition professionnelle et que, comme pour un consultant d'outplacement, vous identifiiez sa plus-value au travers de :

- ses qualités d'écoute ;
- son relationnel lui permettant d'interagir efficacement et avec tact avec vous sans pour autant vous ménager ;
- sa connaissance et compréhension de votre marché ;
- sa connaissance des modes de fonctionnement des recruteurs et décideurs ;
- son implication personnelle dans votre démarche et disponibilité ;
- sa capacité à aller dans les détails, mais aussi à vous donner des inputs ;
- sa hauteur de vue et sa finesse d'esprit.

Ces différentes formules d'accompagnement ne s'excluent pas. Bien au contraire, leur utilisation conjointe ne peut que fertiliser votre recherche à condition que vous gériez rigoureusement votre temps. L'important est que vous puissiez vous appuyer sur un support qui vous stimulera et vous confrontera en vous poussant souvent à procéder à certains ajustements utiles.

Exercice 7 – J'opte pour le bon type d'accompagnement

1. Souhaitez-vous opérer un changement d'activité, un changement de secteur, un changement de fonction, un changement dans la continuité de votre fonction actuelle, un changement d'entreprise, un changement de lieu géographique ?

2. Déterminez en fonction de votre réponse à la question ci-dessus si vous avez un besoin d'une aide pour :

- effectuer un bilan de compétences pour construire un nouveau projet professionnel ;
- définir votre stratégie de recherche et sa mise en œuvre ;
- élaborer vos outils de communication (CV, pitch, lettres…) ;
- activer votre réseau ;
- optimiser la préparation de vos entretiens.

3. Hiérarchisez vos différents besoins et choisissez votre type d'accompagnement en prenant en compte le temps et l'investissement financier que vous êtes prêt à consacrer à votre démarche.

À l'issue de ce chapitre, vous disposez maintenant d'un bon panorama des erreurs à éviter mais aussi des différents appuis que vous pourrez mobiliser au cours de votre recherche d'emploi. Il ne vous reste plus qu'à vous mettre en marche !

Exercice 8 – Je me mets en ordre de marche

1. Démarrez votre recherche *vraiment* et non à moitié en ayant pris conscience de l'investissement personnel que cela va impliquer pour vous.

2. Mettez au jour les effets positifs que vous attendez de ce changement, mais également les freins apparents ou latents liés à ce changement.

3. Si vous êtes en transition professionnelle, situez-vous sur la courbe du changement subi et assurez-vous que vous êtes prêt.

4. Mettez en place votre organisation matérielle (espace de travail).

5. Préparez-vous à une gestion rigoureuse de votre temps :

- si vous êtes en poste, optimisez votre gestion du temps ;
- si vous êtes en transition professionnelle, ne laissez pas votre entourage phagocyter vos journées sous prétexte que vous avez du temps.

6. Ne restez pas seul, surtout si vous êtes en transition professionnelle. Choisissez le type d'accompagnement qui convient le mieux à votre besoin.

7. « Sacralisez » le moment où vous démarrez effectivement votre recherche : il doit y avoir un « avant » et un « après ».

Chapitre 2
CONSTRUIRE SON PROJET PROFESSIONNEL

Pour être efficace, votre démarche de recherche d'emploi doit être structurée et méthodique. Il ne s'agit pas d'envoyer des CV tous azimuts et de penser que vous trouverez statistiquement un job.

Vous devez être précis sur ce que vous cherchez et pourquoi. Pour non pas trouver un job, mais le *bon* job qui vous permettra de vous développer, mais aussi de vous épanouir. Pour cela, vous devez construire et formaliser votre projet professionnel. Vous devez notamment vous poser les questions : qui suis-je ?, qu'est-ce que je veux faire ?

Un projet pour quoi faire ?

■ Considérez votre projet comme une boussole

Un projet bien défini vous permettra d'être plus efficace tout au long de votre recherche d'emploi.

Mettre au jour votre savoir-être et vos savoir-faire personnels et professionnels est une étape indispensable. Elle va vous permettre d'élaborer ou même souvent de confirmer un projet professionnel réaliste et cohérent avec votre patrimoine personnel et professionnel... mais aussi vos attentes.

C'est en effet l'occasion pour vous de prendre un peu de recul et de vous poser les bonnes questions, même si souvent vous avez une vision assez claire de celui-ci.

Dans tous les cas, ce travail (qui peut être très rapide) vous aura conduit à mettre des mots sur des intuitions et à structurer et à ordonner vos réflexions.

■ Tirez parti de l'effet booster en termes de motivation

Avoir formalisé votre projet en accord avec ce que vous êtes et vos motivations vous permettra d'envisager votre recherche d'emploi avec plus de confiance. C'est également avec plus de motivation, de volonté et d'enthousiasme que vous allez piloter votre démarche.

Exercice 9 – Pourquoi je formalise mon projet professionnel ?

1. Parmi la liste ci-dessous, classez par ordre d'importance les raisons selon vous qui vous poussent à formaliser votre projet professionnel :
- faire le point sur votre carrière professionnelle en revisitant votre parcours professionnel ;
- mieux connaître vos modes de fonctionnement, vos sources de motivation, vos valeurs ;
- identifier vos priorités personnelles et cerner ce que vous êtes prêt à accepter et ce qui est non négociable ;
- élargir et faire bouger votre prisme de raisonnement ;
- oser envisager de nouvelles pistes ;
- investiguer d'autres formes d'activité que le salariat ;
- faire un choix et trouver votre voie ;
- faire l'inventaire de l'ensemble de vos savoir-faire et savoir-être pour reprendre ou réaffirmer votre confiance dans vos capacités ;
- fixer un cap…

2. Ayez à l'esprit que formaliser son projet ne doit pas être une échappatoire et vous permettre de différer votre confrontation avec le marché. Dans bien des cas, ce n'est qu'une étape préalable mais nécessaire qui ne se révélera en aucun cas chronophage.

3. Plus vous serez exigeant avec vous-même et sincère, plus cet exercice sera fructueux pour vous.

■ Soyez serein et dépassez vos éventuels freins

Tout changement même mineur suppose des renoncements. Aussi, il est possible que vous ne soyez tout simplement pas mûr pour entamer une recherche d'emploi, surtout si rien d'objectif ne vous y pousse. Dans ce cas, il est plus judicieux pour vous de remettre à plus tard votre démarche et éviter ainsi de vous user dans un exercice sur lequel vous n'êtes pas aligné, mais qui pourrait également vous «griller» auprès de votre réseau.

Exercice 10 – Ce que je risque à faire le SWOT de mon projet

La matrice SWOT (de l'anglais *strengths* [forces], *weaknesses* [faiblesses], *opportunities* [opportunités], *threats* [menaces]) est un outil de stratégie d'entreprise permettant de déterminer les différentes options stratégiques à envisager.

1. Complétez ci-dessous la matrice «risque/bénéfice».

- Identifiez les risques à formaliser en profondeur votre projet professionnel:
  - remettre en cause certains de vos choix qu'ils soient professionnels ou personnels ;
  - accroître votre sentiment de saturation et votre démotivation professionnelle actuelle ;
  - insuffler le doute dans vos réflexions actuelles et futures ;
  - ...
- Identifiez les risques à ne pas formaliser en profondeur votre projet professionnel:
  - vous tromper dans le choix de votre job ou de votre activité professionnelle ;
  - déconnecter de votre vie professionnelle et votre recherche de sens ;
  - perdre confiance dans vos capacités à évoluer ;
  - ...
- Identifiez les bénéfices à ne pas formaliser en profondeur votre projet professionnel:
  - ne pas risquer de créer du déséquilibre dans votre vie personnelle ;
  - éviter de vous insécuriser en cernant vos limites ;
  - ne pas vous créer de problème là où vous ne pensez pas en avoir ;
  - utiliser votre temps différemment...
- Identifiez les bénéfices à formaliser en profondeur votre projet:
  - mieux vous connaître sur le plan personnel (mode de fonctionnement, moteurs, valeurs...) ;
  - mieux connaître vos savoirs personnels ;
  - être en capacité de mieux vous vendre.

2. Si vos réponses dans la première et la dernière case de la matrice vous semblent plus importantes, il peut être judicieux pour vous de reporter votre projet d'évolution professionnelle.

Swot pourquoi formaliser mon projet professionnel

	Risques	Bénéfices
Formaliser mon projet		
Ne pas formaliser mon projet		

▦ Chouchoutez votre motivation, elle vous le rendra bien !

Vous êtes maintenant prêt à vous lancer pleinement dans cette belle aventure qu'est la construction de votre projet professionnel. Interrogez-vous alors sur les raisons et les motivations qui vous incitent à entreprendre cette démarche.

Bien évidemment, ces raisons peuvent vous être imposées : votre poste est supprimé ou vous êtes au chômage, votre situation devient de plus en plus inconfortable dans votre poste actuel.

Vous pouvez être également animé par vos propres raisons : désir de changement ou de renouvellement, occuper un poste plus rémunérateur...

Exercice 11 – J'utilise ma motivation comme une ancre

1. Analysez vos réponses sur la première ligne et la seconde colonne de l'exercice 10.
2. Énoncez en une phrase simple la raison ou la motivation qui vous pousse à entreprendre une démarche de recherche d'emploi.
3. Ancrez cette phrase dans votre mémoire et n'hésitez pas à vous y référer lorsque vous aurez le sentiment de « patiner » ou lors d'une chute de moral.
4. Considérez cette phrase comme votre devise ou comme votre « haka » qui vous permettra de mobiliser vos énergies, voire, dans certains cas, de les décupler.

Un projet : comment faire ?

Avant de définir et formaliser votre projet, il est important que vous fassiez un inventaire précis de l'ensemble de vos compétences, savoir-faire et savoir-être. C'est en confrontant cet inventaire avec vos envies et motivations que vous construirez votre projet professionnel.

Il vous faudra alors le valider et vous assurer qu'il est en adéquation avec vos différents savoir-faire et savoir-être, mais également réaliste par rapport aux contraintes du marché. Vous serez parfois amené à l'amender, mais l'important est qu'il conserve pour vous un caractère mobilisateur et convaincant.

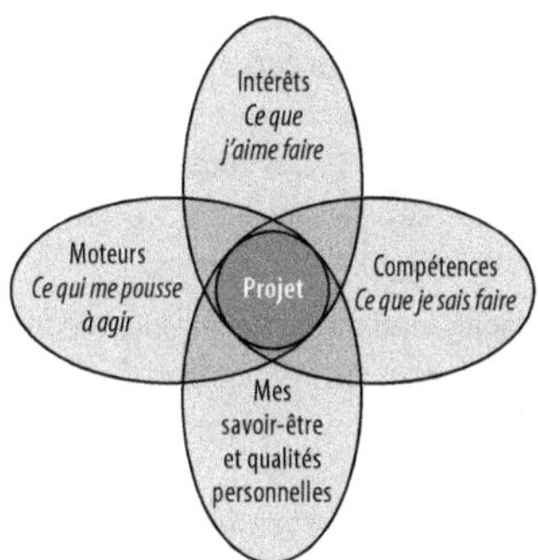

Mon projet au carrefour de mes talents et moteurs

■ (Re)connaissez-vous de façon positive sur le plan professionnel

Afin de réaliser cet état des lieux, il peut être utile de vous intéresser à votre « identité professionnelle » au travers de votre histoire professionnelle, mais aussi de vos succès.

Réappropriez-vous votre identité professionnelle

L'objectif de cette démarche est de vous réapproprier votre identité professionnelle ou même la créer si vous êtes un jeune diplômé à la recherche d'un premier emploi.

Lorsque vous vous sentez à l'étroit dans un poste ou que votre vie professionnelle vous apporte peu de satisfaction et de signes de reconnaissance de la part de votre environnement, vous avez souvent tendance à vous déprécier et à penser que votre identité professionnelle est inexistante.

Prendre un peu de recul, revisiter l'ensemble de votre parcours va vous amener à mesurer le chemin que vous avez parcouru, à retrouver vos repères mais aussi vos moteurs pour partir ou repartir dans la bonne direction.

Reconnectez-vous à votre histoire professionnelle

Vous disposez d'un capital professionnel que vous avez fait fructifier lors de vos différentes expériences professionnelles mais également lors d'activités personnelles.

Votre histoire professionnelle vous a apporté certaines satisfactions mais aussi des déceptions. Revisiter votre parcours va vous permettre de mieux cerner le type d'environnement dans lequel vous vous exprimez le mieux, mais aussi de vous interroger sur vos sources d'insatisfactions professionnelles et souvent de mieux comprendre, avec le recul, leurs origines.

Il s'agit notamment d'analyser dans quelle mesure ces frustrations viennent de vous ou sont induites par votre environnement.

Exercice 12 – Je trace mes courbes de satisfaction professionnelle

1. Sur un diagramme, faites figurer en abscisse le temps. Remontez aussi loin que vous le souhaitez, jusqu'à vos années d'études par exemple.
2. Tracez en ordonnée deux courbes dans deux couleurs différentes :
   - votre niveau de satisfaction et de bien-être professionnel ;
   - votre niveau de satisfaction et de bien-être personnel.
3. Identifiez à partir des points hauts et bas de vos courbes :
   - les postes, activités, missions qui vous ont le plus et le moins motivé ;
   - les environnements dans lesquels vous vous êtes senti le plus ou le moins à l'aise.
4. Analysez la forme de vos courbes : régulières, accidentées, présence ou absence de cycle, durée des cycles.
5. Demandez-vous en quoi ces oscillations sont liées :
   - à vos environnements de travail ;

- aux modes de management (autonomie, signes de reconnaissance...) ;
- à la nature du travail (travail qui a du sens, dimension relationnelle, intellectuellement riche, renouvellement...) ;
- à l'adéquation, ou non, avec vos valeurs personnelles ;
- ...

6. Demandez-vous comment :
- vous ressentiez les points les plus hauts et les plus bas sur le moment ;
- vous les vivriez aujourd'hui avec le recul.

7. Que déduisez-vous de ces éléments en termes d'attentes vis-à-vis d'une nouvelle vie professionnelle ?

Revisiter ainsi son parcours de vie s'avère souvent très riche d'enseignements. Cette relecture peut parfois conduire à prendre conscience de situations ou d'éléments répétitifs qui ne sont pas toujours que le fruit du hasard.

L'exemple de...

Dominique, 37 ans, 3ᵉ cycle en ressources humaines après un cursus de droit

Il a rejoint, à l'issue de ses études, un groupe d'assurances dans lequel il a évolué sur différents postes.

Voici ses courbes de satisfaction et son analyse :

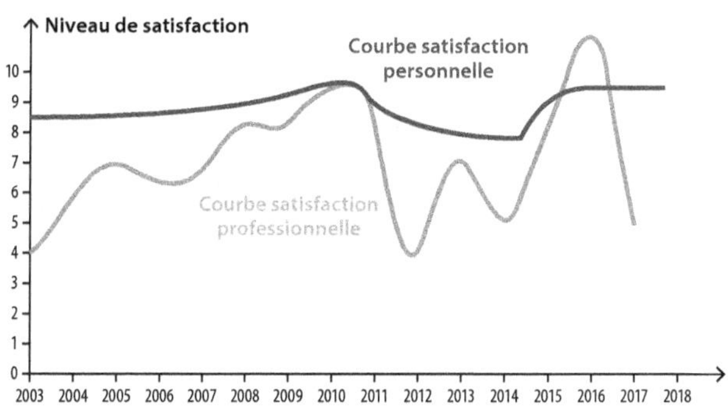

Courbes de satisfaction personnelle et professionnelle

Bac en 2003   puis études de droit

2008-2009   3e cycle RH
Formation plus opérationnelle que le droit

2009-2011   **Chargé de recrutement**
Découverte de la vie professionnelle
Accession au statut social de jeune professionnel
J'apprends mon métier : comment conduire un entretien et comment
interagir avec les opérationnels
Beaucoup de déplacements en province
Résultats de mon activité mesurables

2011-2012   Monotonie : je recrute toujours pour la même entité et toujours pour le
même poste (ingénieur commercial)
Je n'ai aucune visibilité sur les candidats une fois intégrés
Hiérarchie pesante et centrée sur le contrôle

2012-2013   **HR Manager d'une entité de 200 personnes**
Découverte des différentes facettes du métier RH
Quelques déplacements à l'international
Plus grande autonomie avec ma hiérarchie

2013-2014   Rôle assez administratif et actions répétitives année après année
Peu de visibilité sur ma contribution personnelle
Objectifs de la fonction peu clairs et non mesurables

2014-2017   **Commercial grands comptes**
Beaucoup de formations
Dimension relationnelle couplée à l'atteinte d'un résultat
Beaucoup de déplacements
Challenges pour atteindre les objectifs
Hiérarchie souple tant que les objectifs sont atteints

2018   Certaine monotonie : les produits et la typologie de clients sont toujours
les mêmes
Pas d'interaction avec le marketing et peu de possibilités de faire évoluer
les offres qui sont très packagées
Pas d'encadrement

L'analyse de Dominique

Mes besoins :
1. autonomie ;
2. challenges, renouvellement ;
3. mesurer le résultat de mes actions ;

4. dimension relationnelle ;
5. poste impliquant une rémunération motivante et un certain statut (encadrement, positionnement dans l'entreprise) ;
6. déplacements.

Je dois éviter les environnements :
- trop hiérarchisés et politiques ;
- peu réceptifs au changement.

Je dois éviter les postes :
- trop sédentaires ;
- sans interactions relationnelles ;
- trop administratifs avec une dimension rédactionnelle importante.

Ma courbe de satisfaction personnelle a toujours été quasiment plus haute que celle de ma vie professionnelle avec une différence nettement plus marquée vers le haut pendant mes années d'études avec une exception lors de mes premières années de commercial grands comptes.

■ Inventoriez et redécouvrez vos savoir-faire et savoir-être

Pour pouvoir déterminer votre projet professionnel, il est important que vous disposiez d'un inventaire précis de votre patrimoine de savoir-faire et savoir-être et que pour chacune de ces compétences vous vous posiez la question si, dans votre prochaine activité, vous souhaitez la développer ou, au contraire, ne plus vouloir l'utiliser.

Ce travail n'est surtout pas à négliger si votre projet professionnel est linéaire par rapport à votre activité actuelle (par exemple, je suis juriste et je souhaite le rester). Cet inventaire vous permet non seulement de caractériser le poste que vous allez viser, mais aussi de mieux connaître vos atouts pour conquérir votre nouveau poste.

De même, si vous envisagez une réorientation profonde de votre activité, il est important pour vous de connaître de façon précise les compétences sur lesquelles vous pourrez vous appuyer.

Exercice 13 – J'identifie mes savoir-faire et savoir-être

1. Pour chacun de vos postes ou stages, identifiez vos cinq activités principales.
2. Associez à chacune de ces activités un verbe d'action en vous aidant au besoin de la liste ci-après.

3. Pour chacune de vos activités, formalisez vos compétences métier ou savoir-faire en les structurant autour de :

- ce que vous connaissez ;
- ce que vous savez faire ;
- ce que vous savez mettre en œuvre.

4. Pour chacune de vos activités, formalisez vos savoirs-être en les structurant autour de :

- ce que vous êtes ;
- ce que vous avez appris.

5. Notez de 1 à 4 votre niveau de maîtrise pour chacun de vos savoir-faire et savoir-être.

6. Identifiez les deux savoirs que vous souhaitez impérativement développer dans votre prochaine activité.

Réaliser	Investiguer	Créer	Organiser
Aménager	Changer	Optimiser	Planifier
Étudier	Analyser	Chercher	Rationaliser
Construire	Chercher	Découvrir	Répartir les
Essayer	Concevoir	Diversifier	tâches
Exécuter	Observer	Écrire	Prévoir
Installer	Résoudre	Élaborer	Anticiper
Mesurer	S'informer	Imaginer	Aligner
Mettre au point	Cataloguer	Bâtir	Assister
Assurer	Compiler	Développer	Adopter
Diminuer	Synthétiser	Dresser	Harmoniser
Augmenter	Identifier	Innover	Segmenter
Doubler	Interpréter	Lancer	Faire le bilan
Modifier	Compléter	Sentir	Centraliser
Produire	Conceptualiser	Établir	Déléguer
Réaliser	Corréler	Étendre	Partager
Accomplir	Détecter	Inventer	Participer
Distribuer	Diagnostiquer	Mettre au point	Quantifier
Diversifier	Enquêter	Modeler	Sécuriser
Drainer	Lire	Symboliser	Sélectionner
Terminer	Qualifier	Concevoir	Standardiser
Manier	Collecter	Dessiner	Systématiser
Manipuler			Structurer
			Coordonner

Communiquer	Développer	Contrôler	Conseiller
Animer	Anticiper	Corriger	Aider
Dialoguer	Entreprendre	Évaluer	Proposer
Écouter	Prospecter	Surveiller	Recommander
Participer	Mettre en place	Vérifier	Coacher
Rédiger	Impulser	Rapprocher	Suggérer
Rencontrer	Implanter	Approuver	Diagnostiquer
Représenter	Déployer	Identifier	Soumettre
Convaincre	Faire adhérer	Imposer	Éclairer
Accueillir	Améliorer	Constater	Dispenser
Admettre	Atteindre	Enregistrer	Initier
Expliquer	Augmenter	Examiner	Prescrire
Informer	Commercialiser	Extraire	Partager
Former	Expérimenter	Homologuer	
Influencer	Exploiter	Auditer	
Inciter	Moderniser	Inspecter	
Interwiewer	Modeler	Superviser	
Motiver	Obtenir		
Présenter	Prouver		
Promouvoir	Multiplier		
Soumettre	Relever		
Questionner	Renforcer		
Répondre	Rétablir		
Rectifier	Revaloriser		
Réunir			
Solliciter			
Synthétiser			
Traduire			
Verbaliser			
Transcrire			

Diriger	Gérer	Négocier	Traiter
Coordonner	Budgéter	Acheter	Calculer
Décider	Rentabiliser	Argumenter	Classer
Dynamiser	Comptabiliser	Convaincre	Enregistrer
Encadrer	Formaliser	Vendre	Inventorier
Prévoir	Optimiser	Concéder	Monter un
Faire adhérer	Maximiser	Conclure	dossier
Activer	Adapter	Acquérir	Aboutir
Affirmer	Ajouter	Adresser	Administrer
Arbitrer	Arranger	Composer	Aménager

Diriger	Gérer	Négocier	Traiter
Choisir	Compter	Contracter	Assembler
Confier	Copier	Défendre	Codifier
Corriger	Consolider	Démontrer	Consulter
Décentraliser	Élargir	Esquisser	Examiner
Décider	Empêcher	Installer	Extrapoler
Déléguer	Importer	Intégrer	Improviser
Entraîner	Exporter	Inventorier	Œuvrer
Fondre	Financer	Manœuvrer	Procéder
Fusionner	Harmoniser	Manipuler	Procurer
Guider	Introduire	Mettre en	Rationaliser
Imposer	Investir	confiance	Récupérer
Juger	Piloter	Offrir	Rediriger
Ordonner	Planifier	Persuader	Référer
Orienter	Ouvrir	Peser	Régler
Rassembler	Produire	Proposer	Rectifier
Protéger	Programmer	Raisonner	Réparer
Réformer	Redresser	Référencer	Résoudre
Résister	Reporter		Restituer
Sanctionner	Revoir		Satisfaire
Stimuler			Stocker
Tailler			Tendre
			Simplifier

▧ Retrouvez le fil entre cohérence et rupture

Rares sont les parcours professionnels linéaires et sans ruptures. Néanmoins, quelles que soient les raisons, les contraintes, les coïncidences à l'origine de vos changements ou inflexions professionnels qui peuvent paraître erratiques, il existe souvent un fil conducteur qui permet de les expliquer.

Avant d'aller plus loin, il est important que vous puissiez trouver ce fil d'Ariane qui relie vos différentes expériences professionnelles entre elles.

Exercice 14 – Je trouve le fil d'Ariane qui relie mes expériences professionnelles

1. Relisez attentivement les exercices 12 et 13.

2. Identifiez les points communs entre vos différentes expériences en termes :

- de contenu et objectif de la fonction ;
- de typologie et culture de l'entreprise ;
- d'organisation du travail et ambiance de l'entreprise ;
- de savoir-faire et savoir-être mobilisés, développés ou totalement nouveaux ;
- de nature de votre équipe (profils, mode de travail, personnalité...) ;
- de relations avec vos hiérarchies ;
- de relations avec l'écosystème externe de l'entreprise...

3. Identifiez les points communs à l'origine de vos changements d'activité :
- sollicitations de l'extérieur ;
- lassitude et usure de votre part ;
- pression trop importante ou inexistante ;
- conflit personnel ;
- vues stratégiques différentes avec votre hiérarchie ;
- insuffisance de résultats ;
- réorganisation...

4. Faites le point sur vos besoins en termes :
- de conditions de travail (flexibilité des horaires, localisation géographique, bureau partagé/individuel...) ;
- d'activités ;
- de sens de la mission ;
- de stimulations intellectuelles ;
- de créativité ;
- de dimension relationnelle ;
- de reconnaissance sociale ;
- de mode de travail ;
- de rémunération...

5. Hiérarchisez vos besoins : « Qu'est-ce qui est prioritaire pour moi ? »

6. Prenez du recul et écrivez votre fil d'Ariane en une ou deux phrases maximum. C'est votre vision personnelle qui vous appartient.

7. Attendez plusieurs jours avant d'en tirer des conclusions sur ce que vous attendez de votre nouvelle activité professionnelle.

■ Construisez sur vos succès

Vos succès sont des actions concrètes de votre vie professionnelle ou personnelle qui vont vous permettre :

- de prendre conscience de votre valeur et de vos talents pour inscrire votre recherche d'une nouvelle activité dans une dynamique positive ;
- de cerner, qualifier vos compétences précisément et de vérifier que vous avez le bon socle de compétences pour mener à bien votre projet d'évolution en le comparant à celles attendues dans les fonctions que vous envisagez ;
- d'illustrer vos compétences et vos qualités personnelles par des exemples et des résultats concrets ;
- de vous constituer un portefeuille de situations vivantes et concrètes vous permettant de renforcer votre discours lors de vos entretiens.

Souvenez-vous de vos succès

Notre éducation, bien souvent, ne nous a pas préparés à cet exercice. Ainsi, savoir se mettre en avant en valorisant ses performances n'est pas une compétence que nous développons à l'école. « Peut mieux faire » n'est-elle pas une des appréciations préférées des professeurs du système éducatif français ?

Par ailleurs, l'entreprise, même si elle incarne par essence la performance, n'encourage pas ce type de comportement pouvant être considéré comme trop individualiste.

De ce fait, nous avons appris à intérioriser nos succès et réussites et à n'oser en parler qu'à bon escient.

Pour autant, pour définir votre projet professionnel et vous armer pour votre recherche d'emploi, il est fondamental de vous appuyer sur vos succès et donc d'activer votre mémoire.

Nous avons tous un portefeuille fourni de réussites et de succès, il suffit simplement de le mettre au jour et de chausser les bonnes lunettes.

Exercice 15 – Je mets au jour mon portefeuille de réussites

1. Remémorez-vous vos moments de fierté lorsque vous avez été félicité et récompensé.
2. Posez-vous la question de pourquoi vous avez été ainsi reconnu.

3. Identifiez la ou les réussites qui ont contribué à ces signes de reconnaissance.

4. Pensez également aux sentiments de «devoir accompli», de «satisfaction personnelle de travail bien fait» que vous avez éprouvés une fois une mission ou un projet délicat achevé.

5. Identifiez la ou les réussites qui vous ont permis d'éprouver ces sentiments.

6. Ne négligez pas les missions transversales ou secondaires à vos fonctions comme la participation à des groupes de travail...

7. Ne fixez pas la barre trop haut: une réussite peut consister tout simplement en votre capacité à surmonter une difficulté plus ou moins complexe, comme tenir un délai, optimiser un budget, réussir une négociation, trouver le bon interlocuteur...

8. Ne vous limitez pas dans votre inventaire et listez au minimum 20 succès professionnels et une dizaine dans votre vie personnelle. Ne soyez pas sélectif mais au contraire exhaustif: c'est bon pour le moral!

9. N'hésitez pas à régulièrement consulter ce portefeuille de réussites, c'est un formidable moteur de confiance.

Exploitez vos succès

Vos succès et réussites attestent de vos qualités et de vos compétences. Il est donc fondamental pour vous de pouvoir vous appuyer sur vos réussites pour prendre conscience et formaliser vos compétences.

Exercice 15 bis – Je formalise mes compétences à partir de mes principales réussites

1. Après avoir établi la liste de vos 20 succès professionnels et votre dizaine de réussites personnelles dans l'exercice 15, sélectionnez un succès qui vous a donné une satisfaction particulière...

2. Remémorez-vous plus en détail cette expérience en vous référant au questionnement suivant: quoi? Avec qui? Où? Quand? Comment? Combien? Pourquoi?

3. Structurez ensuite votre présentation de votre discours autour de la trame suivante:

- la situation: année et lieu de l'expérience, dans quel poste et quelle entreprise...
- la mission: présenter ses difficultés particulières (faible connaissance du sujet, manque de moyens, délais serrés...). Puis associez à la mission son enjeu;
- les actions menées: qu'avez-vous accompli pour remplir votre mission? Concentrez-vous prioritairement sur les actions que vous avez menées personnellement, mais ne négligez pas celles que vous avez menées en liaison avec d'autres collègues;
- les résultats obtenus: détaillez ces résultats en les illustrant idéalement par des indicateurs de réussite qui soient chiffrés ou qualitatifs (appréciations positives de vos supérieurs, clients, reconnaissance interne...);
- compétences et qualités personnelles mobilisées pour réussir: indiquez quels types de compétences vous avez utilisés, développés ou appris lors de cette expérience et mentionnez vos qualités personnelles sur lesquelles vous vous êtes appuyé pour réussir.

4. Musclez votre présentation:
- en utilisant des verbes d'action conjugués à la première personne: « J'ai pris en charge... », mais en n'omettant pas d'indiquer les personnes sur lesquelles vous vous êtes appuyé ou avec lesquelles vous avez collaboré;
- en l'ancrant dans le concret avec des éléments factuels (chiffres, durées...);
- en l'articulant autour des compétences que vous avez mises en œuvre;
- en étant clair et synthétique. Par oral, votre présentation doit impérativement ne pas dépasser deux minutes.

5. Formalisez sur ce modèle au minimum quatre réussites professionnelles.

6. Formalisez sur ce modèle seulement les réussites personnelles qui attestent d'aptitudes ou de qualités que vous jugez pertinentes pour votre recherche d'emploi, et ce afin d'économiser votre temps.

Bien faire cet exercice demande un investissement personnel important. Il requiert de votre part rigueur et précision, mais également une réelle exigence dans la manière de formuler vos succès. Consacrez-lui suffisamment de temps pour pouvoir disposer d'un portefeuille de succès bien fourni; cela vous sera aussi très utile en entretien.

L'exemple de...

David, jeune diplômé

Circonstances Quand? Fonction? Où?	Situation et diagnostic Quelle mission? Quel enjeu lié à la mission?	Actions mises en place	Résultats Chiffres, processus, niveau de management, équipe	Compétences Je suis capable de:
Été 2016 Stage dans l'entité new business d'une agence de communication média	J'effectue mon stage en support auprès du responsable new business qui assure seul cette responsabilité. Nous sommes sollicités pour répondre en urgence (3 jours) à un appel d'offres alors que mon responsable est hospitalisé et je n'ai aucun moyen pour le joindre. Je dois prendre en charge ce dossier en son absence.	Après un moment de panique car ma connaissance de ce type de process est nulle: • je m'informe auprès de l'assistance sur la marche habituelle; • je découvre qu'il existe une base de données rassemblant l'ensemble des réponses aux appels d'offres de l'agence; • j'étudie et analyse cette base de données et constate que je peux répondre à l'essentiel des questions de l'appel d'offres; • je prends contact avec mon N+2 pour rédiger avec lui les 5 réponses aux questions que je n'ai pas trouvées dans la base de données; • je lui fais également valider l'ensemble du document et plus particulièrement les éléments budgétaires; • je retourne l'appel d'offres.	• L'appel d'offres est transmis dans les délais. • L'agence est invitée le mois suivant à venir pitcher par le prospect. • Deux mois après la fin de mon stage, l'appel d'offres est gagné, soit un chiffre d'affaires de 200 000 €.	• prendre de la hauteur face à un sujet que je ne maîtrise pas; • repérer mes points d'appui; • trouver une méthode me permettant de répondre au problème qui m'est posé; • prendre des initiatives et prendre ma place dans une organisation; • solliciter l'aide de mon N+2; • piloter un projet de A à Z.

L'exemple de...

Marie, responsable marketing dans la grande consommation

Circonstances Quand ? Fonction ? Où ?	Situation et diagnostic Quelle mission ? Quel enjeu lié à la mission ?	Actions mises en place	Résultats Chiffres, processus, niveau de management, équipe	Compétences Je suis capable :
2014 Je suis promue responsable marketing chez La Vie est belle	Étant devenue le manager de ma précédente équipe, j'ai du mal à me faire accepter en tant que manager par mes anciens collègues. Cela se traduit notamment par une certaine démotivation de leur part (retards sur des échéances importantes pour l'entreprise). Je veux réussir ma prise de fonction et insuffler une nouvelle dynamique à l'équipe.	• Je reprécise les attentes de ma direction et des équipes transversales vis-à-vis de mon équipe. • Je redéfinis avec le responsable ressources humaines les descriptions de fonctions de chacun des membres de mon équipe. • Je présente à mon équipe les attentes de l'entreprise vis-à-vis de notre équipe. • Je fixe à chacun des membres de l'équipe un objectif directement relié aux attentes de l'entreprise. • Je responsabilise chacun des membres de l'équipe sur une mission particulière. • J'organise chaque semaine une réunion d'équipe et je sollicite à chaque fois un membre de l'équipe pour présenter une thématique sur laquelle il travaille.	• Mon équipe est reconnue pour la qualité de son travail et pour sa réactivité. Le temps de réponse pour une sollicitation est divisé par deux. • Les membres de mon équipe me témoignent de la reconnaissance en tant que manager et j'ai été choisie comme mentor par l'un d'entre eux pour l'accompagner lorsque lui aussi est devenu manager.	• d'analyser une situation ; • de recueillir des attentes ; • de réorganiser une équipe ; • de motiver et convaincre ; • de prendre ma place ; • de coacher un nouveau manager.

L'exemple de...

Cécile, consultante en organisation

Circonstances Quand? Fonction? Où?	Situation et diagnostic Quelle mission? Quel enjeu lié à la mission?	Actions mises en place	Résultats Chiffres, processus, niveau de management, équipe	Compétences Je suis capable:
2015 Consutant chez Orgaplus	Mission: communiquer sur la nouvelle offre PME du cabinet. Enjeux: permettre au cabinet de compenser la perte d'un gros client en développant davantage son activité sur le segment des PME. Je propose d'organiser un petit déjeuner avec des directeurs généraux de PME pour présenter notre offre.	Le cabinet dispose d'atouts: des *success stories* et des références sur de très belles missions chez certains clients prestigieux du secteur de la PME. • J'obtiens l'accord du directeur général (DG) d'un de mes clients emblématiques pour introduire un petit déjeuner de présentation de notre offre. • J'identifie 50 PME et leur directeur général ayant des problématiques en phase avec notre offre. • J'effectue un phoning sur cette cible pour les inviter à notre événement. • Je prépare avec un associé le PowerPoint pour décrire les spécificités de notre offre. • À l'issue du petit déjeuner, je rédige un article pour notre newsletter envoyée aux clients et prospects du cabinet (500 destinataires).	• 10 DG participent au petit déjeuner. • Des missions sont signées dans les deux mois qui suivent avec 2 nouveaux clients pour un CA total de 500 000 €. • L'opération est reconduite six mois plus tard.	• de décliner une stratégie au travers d'un événement commercial; • d'identifier des cibles commerciales; • de mener un projet de A à Z; • de transformer une action de RP en succès commercial.

L'exemple de...

Paul, membre du conseil syndical de son immeuble

Circonstances Quand? Fonction? Où?	Situation et diagnostic Quelle mission? Quel enjeu lié à la mission?	Actions mises en place	Résultats Chiffres, processus, niveau de management, équipe	Compétences Je suis capable de:
2015 Membre du conseil syndical de mon immeuble	Lors de l'assemblée générale, les débats ont été houleux à propos de la pose de grille en fer forgé destinée à sécuriser une sortie de parking. C'est une opération coûteuse, et ce d'autant plus si l'on retient un projet avec un minimum d'esthétisme. Par ailleurs, les copropriétaires sont très partagés : certains n'ont pas de parking, d'autres sont très sensibles aux aspects esthétiques et le coût de l'opération est élevé.	• Je prends conscience que par un réaménagement simple du jardin, la mise en œuvre de ce projet est beaucoup moins onéreuse. • Je fais réaliser des devis sur cette hypothèse. • Je tiens informés les copropriétaires de la démarche.	Lors de l'assemblée générale de 2017, mon projet est adopté. Il répond à la fois au problème de sécurité et au souci d'esthétisme avec un budget divisé par deux.	• repenser un problème en apportant une nouvelle vision et une solution concrète ; • communiquer et adapter mes messages pour « vendre » un projet à une cible assez divisée avec des attentes différentes ; • piloter un projet et tenir l'échéance de la date de la nouvelle AG.

Prenez conscience de vos talents

Vous avez maintenant constitué votre portefeuille de savoir-faire et savoir-être qui vous ont permis d'obtenir des succès. Au sein de ce portefeuille, il peut vous être utile, dans votre réflexion, d'identifier vos talents. Vos talents, c'est ce qui vous distingue d'une autre personne ayant le même type de compétences. C'est ce qui vous rend unique et donc désirable pour un futur employeur.

Exercice 16 – J'identifie mes talents

1. Parmi la liste de vos savoir-faire et savoir-être, identifiez ceux :
- que vous considérez comme un don ou un avantage indéniable ;
- qui vous permettent de bien faire une activité avec aisance et d'obtenir une performance constante ;
- qui vous procurent du plaisir.

2. Validez vos talents au travers des trois critères suivants :
- mon talent est reproductible. Je sais l'utiliser à l'infini et mon succès n'est pas isolé ;
- mon talent renforce ma confiance, limite mes doutes, m'apporte de la satisfaction et du plaisir et ne me consomme pas mon énergie. J'utilise aisément mon talent ;
- mon talent me génère de la reconnaissance : je suis reconnu par les autres comme performant, agile, voire audacieux dans ce domaine précis.

3. Constituez votre liste de talents et veillez à ce qu'ils signifient réellement quelque chose pour vous en travaillant leur formulation.

4. Associez à votre liste de talents des succès vous permettant d'en apporter la preuve.

5. Reconnectez-vous régulièrement à ces listes de talents : ce sont vos armes absolues et indestructibles qui constituent votre ADN !

Être à l'écoute de ses voix intérieures

Nous rêvons tous de « trouver le job de nos rêves ». C'est légitime. Mais nous sommes moins nombreux si nous ne sommes pas forcés à mettre en place les moyens pour y arriver. Souvent, d'ailleurs, nous n'avons pas vraiment d'idée sur ce que pourrait être ce job ou cette activité qui allierait nos compétences et nos rêves les plus profonds.

Prendre en compte nos voix intérieures ou au moins les consulter lors de l'élaboration de notre projet professionnel est un point de départ souvent suffisamment important pour nous mettre en marche.

Pour cela, il est important de ne pas se fixer de limites lors de cette phase.

▣ Réfléchissez à des pistes professionnelles qui vous feraient plaisir

Le plaisir est une formidable source de motivation. N'est-il pas normal de s'interroger sur ce que serait le job qui vous conviendrait parfaitement alors que vous consacrez une part importante de votre temps à votre vie professionnelle ? Ne dites pas : « Dans ma situation, je ne peux pas m'autoriser à rêver », mais au contraire « Dans ma situation, que puis-je faire de mes rêves ? ».

Exercice 17 – Je décris une journée idéale

1. Repensez à une journée idéale que vous avez vécue.
2. Posez-vous les questions suivantes :
- Qu'est-ce qui vous a plu dans ce que vous y avez fait ?
- Qu'est-ce que vous avez trouvé de facile ?
- Qu'est-ce que vous avez trouvé de stimulant ?
3. Analysez les satisfactions que vous en avez tirées.

▣ Prenez en compte vos centres d'intérêt

Vos centres d'intérêt et vos passions sont peut-être des éléments que vous souhaitez inclure dans votre vie professionnelle, sur lesquels vous pourrez ancrer votre motivation. Pour bien des personnes, c'est souvent un rêve, mais pourquoi ne pas prendre le temps d'y penser ?

Exercice 18 – Je rédige l'annonce du job de mes rêves

1. Endossez le costume d'un responsable du recrutement.
2. Présentez l'entreprise, son secteur, ses produits, ses développements actuels…

3. Indiquez le titre de la fonction, son positionnement dans l'équipe et son rattachement hiérarchique.

4. Formulez l'enjeu principal de la fonction et les résultats attendus.

5. Détaillez les trois principales missions.

6. Précisez :
- les moyens et ressources à disposition (financiers, humains…) ;
- l'écosystème de la fonction (relations en interne ou externes) ;
- la localisation ;
- la rémunération.

7. Définissez le profil du candidat en termes de :
- compétences métier, organisationnelles, management ;
- formation, maîtrise de langues ou expertise technique particulière.

8. Interrogez-vous sur comment sera évalué le titulaire de cette fonction.

9. Analysez les satisfactions que ce poste pourrait vous apporter.

Une fois l'annonce de vos rêves écrite, ne vous réveillez surtout pas et osez formuler l'intégralité de vos rêves professionnels sans vous poser aucune barrière mentale. Profitez de cette liberté pour vous autoriser à penser large !

Exercice 18 bis – J'« analyse » mes rêves

1. Détendez-vous et osez formuler trois de vos rêves professionnels.

2. Classez ces trois rêves en :
- rêve « le plus fou » et indiquez vos trois motifs de satisfaction les plus forts ;
- rêve « raisonnable » et indiquez ce que vous pourriez d'ores et déjà mettre en œuvre pour le réaliser à terme ;
- rêve « réalisable » et indiquez ce qui constitue un frein aujourd'hui à sa réalisation.

3. Méditez vos rêves !

Conjuguer hobbies et vie professionnelle n'est pas une condition nécessaire pour s'épanouir. Certains préfèrent vivre leurs passions hors de la sphère professionnelle ou vivent leurs hobbies comme des centres d'intérêt secondaires. La vraie question est quelle place souhaitez-vous leur donner ?

Faire confiance à sa personnalité

Votre personnalité est ce qui vous rend unique. Vous pouvez avoir le même parcours, détenir le même portefeuille de compétences et occuper le même poste qu'une autre personne, ce qui vous distingue, c'est la manière dont vous envisagez et vivez votre fonction. C'est en effet votre personnalité qui vous conduit à façonner votre poste.

Il est donc important que vous ressentiez une certaine harmonie entre ce que vous êtes profondément et ce que votre poste vous invite à faire.

▦ Mettez au jour votre essence personnelle et vos valeurs

Le « contre-emploi » ou s'obliger à endosser les habits d'une fonction à l'opposé ou peu compatible avec votre personnalité et vos valeurs ne peut durer qu'un temps. Votre objectif est donc de rester vous-même pour être en capacité de fonctionner naturellement en limitant vos efforts d'adaptation, ce qui vous permettra d'être vraiment « performant ».

Exercice 19 – Je pars à la découverte de mon essence personnelle

1. Complétez les phrases suivantes :
- « Je suis quelqu'un de… » ;
- « Ce qui fait ma force, c'est… » ;
- « On peut compter sur moi pour… » ;
- « Ce qui est important pour moi, c'est… » ;
- « Ce que je souhaite abandonner et laisser derrière moi, c'est… » ;
- « Mon socle sur lequel je veux construire ma vie de demain, c'est… ».
2. Listez les adjectifs que vos collègues utilisent pour vous qualifier et encadrez ceux dans lesquels vous vous reconnaissez.
3. Listez les adjectifs que vos relations et amis utilisent pour vous qualifier et encadrez ceux dans lesquels vous vous reconnaissez.

Votre personnalité est aussi le reflet de vos valeurs. Une valeur est à la fois une richesse, un guide, mais aussi une contrainte dans la mesure où c'est toujours douloureux d'aller à son encontre.

Une valeur, c'est ce que :

- vous mettez au-dessus de vous, de votre intérêt ou de votre plaisir immédiat ;
- vous respectez ;
- vous êtes prêt à défendre en mobilisant vos ressources (énergie, temps ; argent, liberté...).

Être conscient de ses valeurs permet de mieux se connaître. Elles nous éclairent en effet sur nos besoins et attentes et, surtout, ce sont elles que l'on retrouve souvent à l'origine de nos choix.

Exercice 20 – J'identifie mes valeurs

1. Lisez tranquillement la liste des valeurs ci-dessous classées par ordre alphabétique.
2. Cochez celles qui vous paraissent pour vous les plus importantes.
3. Si vous avez des difficultés, interrogez vos proches sur ce qui vous met en colère. Par exemple, si vous obtenez comme réponse l'injustice, vous pourrez en déduire que la justice est l'une de vos valeurs.
4. Classez les cinq ou les dix premières par ordre d'importance.

Valeurs	N°	Valeurs	N°	Valeurs	N°	Valeurs
Acceptation		Action		Adaptation		Affirmation
Amitié		Amour		Appartenance		Apprentissage
Art		Argent		Authenticité		Autonomie
Aventure		Beauté		Bien-être		Bienveillance
Bonheur		Bonté		Calme		Charité
Communauté		Compassion		Compétition		Conciliation
Confiance		Confort		Connaissance		Courage
Créativité		Curiosité		Détachement		Dévouement
Dieu		Discernement		Diversité		Douceur
Droit		Échange		Écologie		Éducation
Efficacité		Égalité		Élégance		Engagement
Entraide		Équilibre		Espérance		Excellence

Valeurs	N°	Valeurs	N°	Valeurs	N°	Valeurs
Exigence		Expérimentation		Famille		Fidélité
Flexibilité		Force		Fraternité		Générosité
Gentillesse		Harmonie		Honneur		Honnêteté
Humanité		Humour		Indépendance		Initiative
Innovation		Intégrité		Intelligence		Inventivité
Joie		Justice		Liberté		Loyauté
Nature		Méditation		Optimisme		Originalité
Passion		Perfection		Performance		Persévérance
Plaisir		Professionnalisme		Prospérité		Puissance
Qualité		Rationalisme		Respect		Responsabilité
Réussite		Sagesse		Santé		Sécurité
Sensibilité		Sérénité		Simplicité		Sincérité
Solidarité		Souplesse		Spiritualité		Sport
Succès		Tolérance		Travail		Transmission
Transparence		Utilité		Vérité		Vie

▪ N'oubliez pas vos qualités... elles font aussi partie de vous !

Il est toujours plus facile de démarrer un nouveau poste en pouvant s'appuyer sur des acquis, qu'ils soient des compétences professionnelles ou des qualités personnelles.

Connaître ses qualités est utile pour vous aider à discerner le type de projet professionnel vers lequel vous souhaitez vous orienter. Par ailleurs, lorsque vous passerez des entretiens de recrutement, vous serez amené à souligner au travers de vos qualités personnelles ce qui vous rend unique et fait de vous le candidat de la situation.

Exercice 21 – J'oublie d'être modeste et je cerne mes qualités personnelles

1. Dans la liste ci-après, relevez vos qualités personnelles.
2. Indiquez dans quelles situations précises (professionnelles ou extra-professionnelles) vos qualités s'expriment.
3. Relisez sans modération cette liste... C'est bon pour le moral !

Adroit	Tolérant	Autonome
Adaptable	Attentif	Calme
Confiant	Courageux	Créatif
Cultivé	Déterminé	Discret
Droit	Dynamique	Efficace
Empathique	Endurant	Analytique
Synthétique	Esprit d'équipe	Esprit d'initiative
Fidèle	Franc	Généreux
Honnête	Humble	Imaginatif
Indépendant	Intelligent	Inventif
Juste	Loyal	Pragmatique
Motivé	Optimiste	Organisé
Débrouillard	Curiosité d'esprit	Ouvert d'esprit
Patient	Pratique	Raisonnable
Persévérant	Profond	Respectueux
Prévoyant	Réaliste	Rigoureux
Rapide	Résistant	Relationnel
Responsable	Sens de l'humour	Sociable
Sens de l'écoute	Fiable	Assuré
Sérieux	Authentique	Tenace
Souple	Volontaire	

Bien connaître vos qualités peut être aussi utile pour identifier vos limites. Une limite ou un défaut est souvent une qualité en excès. En tout cas, être au clair sur vos limites vous permet de recenser vos points de vigilance à prendre en compte dans le choix de votre projet professionnel.

Savoir choisir pour avancer

Tout choix comporte une part de renoncement, mais choisir nous permet de nous engager et de nous mettre en action, ce qui est important dans le cadre d'une recherche d'emploi.

À l'issue de ce tour d'horizon, vous pouvez avoir déjà confirmé ou pris conscience que vous étiez parfaitement au clair sur votre prochaine étape professionnelle et que vous souhaitiez l'inscrire dans la continuité de votre poste actuel ou précédent, que cela soit par un approfondissement de votre expertise, une dimension managériale plus développée, un périmètre plus large... Sinon, que vous hésitiez entre plusieurs options qui se dessinent ou que vous vouliez explorer diverses possibilités, il peut être utile maintenant de synthétiser l'ensemble des matériaux que vous avez rassemblés pour prendre du recul et vous poser les bonnes questions pour alors choisir la bonne orientation.

Ouvrez le champ des possibles

Vous êtes par essence unique. Votre histoire personnelle, votre parcours professionnel, mais aussi votre personnalité constituent votre patrimoine personnel et professionnel sur lequel vous allez bâtir votre projet professionnel.

Exercice 22 – J'établis la cartographie de mon univers personnel et professionnel

À partir de l'ensemble des éléments que vous avez recueillis sur ce qui vous caractérise (compétences, centres d'intérêt, valeurs, talents, besoins, moteurs...), dessinez la cartographie de votre univers personnel et professionnel qui vous caractérise en vous inspirant du schéma suivant.

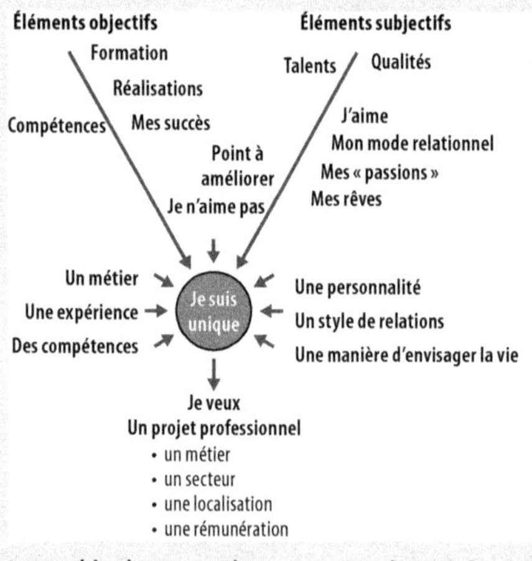

Cartographie de mon univers personnel et professionnel

Vous disposez maintenant de suffisamment d'éléments vous permettant d'identifier les types d'activités susceptibles d'être compatibles avec votre patrimoine personnel et professionnel. Il vous faut tout simplement les nommer.

Exercice 23 – Je définis mes pistes professionnelles

1. Sur la base de l'ensemble du travail que vous avez effectué, listez différentes pistes professionnelles qui vous motiveraient.
2. Évitez de vous censurer, soyez créatif. Au besoin, croisez différents éléments comme compétences/centres d'intérêt, compétences/valeurs, secteur/compétences...
3. Sélectionnez les pistes que vous estimez motivantes et/ou réalistes.
4. Caractérisez-les en précisant leur intitulé de fonction, un secteur, le type d'entreprise, l'activité principale et indiquez si elles se situent dans un cadre de salarié ou d'entrepreneur.

Quelques outils d'aide à la décision

Il n'est pas conseillé de travailler sérieusement plusieurs projets professionnels simultanément. Vous risquez de perdre le cap et d'être submergé par une multitude de tâches diverses et variées qui vous feront dévier de votre objectif premier : trouver une activité professionnelle qui vous permettra de vous réaliser.

À certains égards, vouloir courir après un trop grand nombre de lièvres peut s'apparenter dans certains cas au mécanisme de la procrastination.

Il est donc important de choisir un projet professionnel, qui peut d'ailleurs se décomposer en plusieurs sous-projets professionnels parfois compatibles entre eux comme consultant indépendant en marketing et enseignant en marketing dans une école de commerce. Mais d'une manière générale, en gardant en tête le projet dominant.

■ Préférez le changement dans la continuité au changement tous azimuts

Il est souvent difficile de tout changer à la fois : d'entreprise, de secteur, de fonction, de pays. À moins que vous soyez bien armé, évitez de changer plus de deux éléments. Pour un changement de fonction, privilégiez dans la mesure du possible une évolution en interne.

Exercice 24 – Je crée ma matrice de changement de secteur/de fonction

1. Complétez la matrice ci-dessous en précisant la fonction que vous visez et le secteur.
2. Indiquez sur la case qui vous intéresse votre hypothèse de travail.
3. Donnez au minimum trois raisons pour lesquelles les missions ou cette fonction vous intéressent.
4. Donnez au minimum trois raisons pour lesquelles ce secteur vous intéresse.
5. Indiquez au minimum trois atouts sur lesquels vous pourrez vous appuyer pour réussir dans cette fonction.
6. Indiquez au minimum trois atouts sur lesquels vous pourrez vous appuyer pour réussir dans ce secteur d'activité.
7. Prenez du recul et validez ou invalidez votre choix.

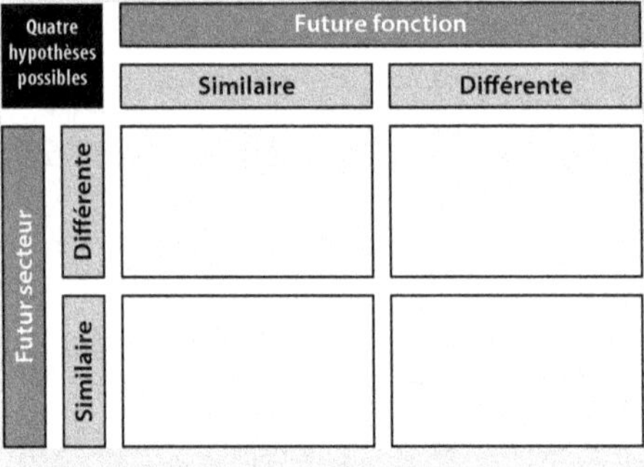

Matrice de changement de secteur/de fonction

▪ Votre cœur balance entre cœur et raison

Les projets de cœur sont ceux pour lesquels votre motivation est la plus forte et que vous conduirez donc avec le plus d'entrain, ce qui est important dans une course de fond. Mais ce sont souvent aussi des projets dont la faisabilité est plus difficile à mettre en œuvre. Aussi, avant de vous diriger vers un projet de cœur, il convient de l'évaluer au regard d'autres projets.

Exercice 25 – Je positionne mes projets sur un diagramme cœur/faisabilité

1. Tracez un diagramme avec :
- un axe cœur : ce qui vous plaît le moins à gauche, ce qui vous plaît le plus à droite ;
- un axe faisabilité : l'évolution qui vous est la plus facile à faire en haut, l'évolution qui vous est la plus difficile à faire en bas.

2. Positionnez vos différents projets sur ce diagramme en indiquant au besoin les noms d'entreprise qui vous apparaissent comme de bonnes cibles ou qui vous motivent particulièrement ou ne vous motivent pas du tout.

3. Analysez la topologie de votre diagramme et regardez si vous n'avez pas un projet combinant cœur et faisabilité dans le carré du haut à droite. C'est celui que vous devrez travailler en premier.

4. Considérez avec attention vos projets de cœur. Pour en mettre un en œuvre, pourriez-vous vous appuyer sur une forte motivation ?

5. À défaut de miser sur les inclinaisons de votre cœur, soyez réaliste et au besoin cherchez à faire évoluer un projet réaliste en réussissant à court ou moyen terme à lui incorporer une partie d'un projet de cœur.

Exemple de diagramme cœur/faisabilité

■ Appuyez-vous sur votre réseau dans cette étape de discernement

Se documenter en chambre ou surfer sur Internet est nécessaire pour comprendre et intégrer les enjeux et les codes d'un futur métier. Mais ce n'est pas suffisant. Il vous faut en effet rencontrer des professionnels exerçant l'activité que vous visez.

Cela vous permettra d'avoir une vision concrète du métier et de mieux cerner ses aspects motivants et ses inconvénients. Ces rencontres vous permettront de confronter l'idée que vous en avez à la réalité, mais aussi de vous renseigner sur les profils et les parcours des personnes qui occupent ce type de poste.

Explorer des activités autres que le salariat

Le salariat n'est pas la voie unique. Depuis plusieurs années, d'autres formes d'activité se développent. Pas seulement des jeunes diplômés ou des cadres en dernière partie de carrière, mais de plus en plus de cadres en milieu de carrière choisissent de se tourner vers d'autres formes d'activité.

■ Créez votre propre structure ou reprenez une entreprise

Pour vous engager dans cette aventure, il est fondamental que vous validiez que vous êtes animé par un esprit entrepreneurial et de vous assurer que vos compétences (notamment commerciales) sont alignées sur le projet que vous vous apprêtez à mettre en œuvre.

Exercice 26 – Suis-je un entrepreneur ?

1. Parmi les différentes propositions suivantes, quelles sont celles qui vous caractérisent :
- ambition et esprit de compétition ;
- à l'aise dans la prise de risque ;
- leadership ;
- motivé par la dimension commerciale d'une activité ;
- résistance au stress ;
- confiance en soi ;
- capacité d'adaptation et de remise en cause ;
- autonomie ;

- ténacité ;
- créatif.

2. Si vous les réunissez toutes et qu'en plus vous avez dans le passé su créer votre chance, vous êtes un entrepreneur-né. Foncez !

Avant de vous lancer, il vous faut bien évidemment valider la taille de votre marché et sa solvabilité et commencer à bâtir un business plan.

En matière de création d'entreprise, le risque zéro n'existe pas, il convient donc de bien évaluer les risques avant de vous lancer.

Exercice 27 – Les dix questions à se poser avant de créer une entreprise

1. Quelle est votre motivation pour créer une entreprise ?
2. Quel est votre projet ?
3. L'avez-vous validé sur le marché ?
4. De quels moyens financiers disposez-vous ?
5. Quels sont vos besoins financiers actuels et futurs ?
6. Quelles sont les compétences nécessaires pour la mise en œuvre de votre projet ?
7. Disposez-vous du bon réseau relationnel ?
8. Quel est le niveau de maturité de votre marché ?
9. Quelle est votre concurrence ?
10. Êtes-vous prêt et désireux de vivre une aventure ?

■ Choisissez bien le type de structure

Selon le type d'activité que vous souhaitez développer et votre profil personnel, il est important que vous preniez suffisamment de temps pour bien réfléchir au statut de la société que vous souhaitez créer : SARL, EURL, SASU, SAS.

Au besoin, prenez une consultation auprès d'un cabinet d'expertise-comptable pour bien vous faire expliquer les implications de ces différents statuts.

Une fois votre décision prise, sachez qu'il existe maintenant des sociétés qui peuvent prendre en charge l'ensemble des formalités juridiques liées à la création d'une société à des coûts relativement modiques, et ce dans des délais courts.

Testez votre projet en utilisant le statut de micro-entrepreneur

Les avantages de ce statut

Ce statut juridique a été créé pour faciliter le démarrage d'une activité ne nécessitant pas ou peu d'investissements. Il est en effet très facile de commencer une activité en micro-entrepreneur et de l'arrêter. Ce statut est, par ailleurs, compatible avec celui de salarié et de demandeur d'emploi. Il peut également permettre en cas de chômage de bénéficier de l'ACCRE (aide permettant une exonération de charges sociales pouvant aller jusqu'à trois ans).

La simplicité qui encadre le statut de micro-entrepreneur est particulièrement visible s'agissant d'obligations comptables : le micro-entrepreneur n'est pas soumis par les obligations comptables des formes sociétaires comme l'EURL ou SASU. Sur le plan comptable, le micro-entrepreneur a des obligations très limitées : tenir un livre des recettes, conserver toutes les pièces justificatives, tenir un registre récapitulatif des achats.

Ce régime permet le règlement simplifié des cotisations et contributions sociales avec un paiement mensuel ou trimestriel, selon le choix du micro-entrepreneur. Le montant des cotisations sociales est déterminé par l'application d'un taux de cotisation sur le chiffre d'affaires déclaré. Ainsi, si le chiffre d'affaires réalisé est nul, le micro-entrepreneur n'aura pas à payer.

En matière de TVA, le micro-entrepreneur bénéficie, de droit, d'une franchise. Ainsi, il n'a, en principe, pas de TVA à facturer ou à déclarer : les prix facturés peuvent donc s'avérer plus intéressants que ceux pratiqués par une entreprise ou un artisan soumis à la TVA. La contrepartie toutefois est que le micro-entrepreneur ne peut récupérer la TVA qu'il paie sur ses achats et investissements. En pratique, il pourra donc être judicieux de renoncer à la franchise pour les projets nécessitant de réaliser des investissements importants pour se développer.

Les limites du statut de micro-entrepreneur

Le régime de micro-entrepreneur est limité par des seuils de chiffre d'affaires. Ceux-ci peuvent, en pratique, être rapidement atteints :

* 170 000 € pour les activités de commerce et de fourniture de logement (hôtels, chambres d'hôtes, gîtes, etc.) ;

- 70 000 € pour les prestations de service et les professions libérales relevant des BNC ou des BIC.

Le statut de micro-entrepreneur ne permet pas de créer une structure juridique distincte de la personne du micro-entrepreneur. Vous engagez donc votre patrimoine personnel : si vous avez une dette à l'égard d'un de vos fournisseurs professionnels, il pourra se faire payer sur l'un de vos biens personnels.

Pensez au portage salarial

Le portage salarial est un système assez bien adapté à une activité de conseil et de vente de prestation intellectuelle, car il combine :

- les avantages du statut d'indépendant : choix des missions, négociation des honoraires, etc. ;
- l'absence de démarche liée à la constitution d'une société et une grande liberté de mettre fin à sa relation avec la société de portage salarial ;
- une gestion administrative simplifiée : en sa qualité d'employeur, votre société de portage salarial vous verse non seulement un salaire tous les mois, mais elle s'occupe également de la gestion de votre facturation et de la déclaration des charges liées à votre activité ;
- une couverture sociale complète et les avantages sociaux habituellement réservés aux salariés, c'est-à-dire :
  - l'assurance chômage ;
  - des congés payés ;
  - des cotisations retraite ;
  - une mutuelle complémentaire d'entreprise ;
  - une assurance responsabilité civile professionnelle ;
  - une prévoyance notamment pour les risques liés aux déplacements professionnels.

Les contreparties du portage salarial sont :

- le coût, soit 5 à 12 % du chiffre d'affaires pour les frais de gestion, ce coût pouvant être dégressif en fonction du montant facturé ; coût qui s'ajoute à celui de vos charges sociales de l'ordre de 45 à 50 % de votre salaire net.

N'oubliez pas l'intérim management

En France, lorsque nous évoquons l'intérim, nous pensons souvent à des postes d'exécution, sans composante managériale ni de responsabilité au niveau de la direction de l'entreprise.

L'intérim management est en fait une solution de placement temporaire s'adressant spécifiquement aux dirigeants indépendants et expérimentés. Il peut s'agir d'une alternative de reconversion intéressante pour d'anciens cadres dirigeants. En devenant managers de transition, vous apportez votre expertise dans le cadre d'un projet spécifique au sein d'une entreprise. D'une manière générale, les missions qui sont proposées concernent le plus souvent la gestion de crise, la restructuration ou le développement d'une activité. Leur durée varie de six à trente-six mois.

Aujourd'hui, l'intérim management n'est plus seulement réservé aux seniors en recherche de reconversion, mais peut être aussi une possibilité permettant à des cadres en milieu de carrière, dotés de compétences pointues, d'accéder à des postes avec une composante direction. Pour information, les trois principaux acteurs positionnés sur des fonctions de top executives sont : EIM, XPM et Valtus.

Chapitre 3
AJUSTER LE TIR : ACTIVER SON RÉSEAU

Vous avez maintenant votre projet, il vous faut désormais savoir « à qui le dire ? » et ainsi ajuster votre tir en mobilisant le « P » de Place de la stratégie marketing des 4 P. Le réseau est là pour vous épauler dans cette démarche.

Adopter une démarche gagnant-gagnant

Aujourd'hui, plus de 75 % des postes de cadres confirmés sont pourvus *via* le réseau et en période de crise ce chiffre tend à augmenter.

▪ Une démarche adaptée au fonctionnement des entreprises

Bien souvent une entreprise a recours à une annonce ou décide de s'adresser à un chasseur de têtes ou à un cabinet de recrutement lorsqu'elle-même a fait le « tour » des ressources dont elle disposait autour d'elle. Plutôt que de s'engager dans un processus long, une entreprise préfère souvent étudier en priorité les candidatures de personnes qu'elle connaît déjà ou qui lui ont été recommandées.

Par ailleurs, avant d'ouvrir un poste et de lancer un recrutement, une entreprise passe par une phase plus ou moins longue de « gestation ». Un contact pendant cette période est idéal, car il vous permet d'être identifié comme un candidat potentiel pour le poste ou même parfois comme le candidat idéal. Dans certains cas, l'entreprise peut même être amenée à reconfigurer son poste en se référant à votre propre proposition de valeur.

Adopter une démarche réseau va vous permettre ainsi d'aller directement à la source et d'avoir connaissance en « avant-première » des opportunités d'emploi et donc de disposer d'un avantage significatif par rapport aux autres candidats.

■ Une démarche vous permettant de dépasser vos handicaps

Cette démarche, en affirmant vos atouts professionnels, vous permettra de contourner les obstacles liés aux rigidités du marché de l'emploi et à la confiance limitée des recruteurs vis-à-vis des profils atypiques.

Si vous avez le sentiment que votre profil diverge quelque peu par rapport à la nature des postes que vous visez en termes d'expérience ou que votre âge ou votre formation constituent des handicaps, mobilisez vos énergies et développez une démarche réseau : votre personnalité et la mise en avant de vos atouts vous permettront de faire la différence.

Ainsi, si vous avez plus de 50 ans, la démarche réseau est indéniablement l'approche que vous devez adopter.

Mais la démarche réseau est aussi parfaitement adaptée aux jeunes débutants. Elle leur fait notamment gagner du temps en accélérant leur intégration sur le marché du travail en leur permettant de se distinguer des 700 000 jeunes à la recherche de leur premier emploi.

Cependant, développer une démarche réseau implique de dépasser les blocages classiques comme « je n'ai pas de réseau », « je suis débutant » ou « je suis trop vieux pour me découvrir les qualités relationnelles d'un commercial ».

■ Une démarche qui a fait ses preuves

Plutôt que d'écrire à l'aveuglette et d'envoyer au marché une image peu claire, voire un peu fébrile, vous serez plus efficace en adoptant une démarche ciblée que vous piloterez et maîtriserez. Par ailleurs, vous prospecterez les secteurs qui vous intéressent et vous serez, de façon assez logique, meilleur.

De ce fait, l'approche réseau va vous permettre d'accéder aux postes qui vous correspondront vraiment, que cela soit en termes d'intérêt, de périmètre, de secteur ou même souvent de rémunération.

En revanche, par une approche moins volontaire, comme la réponse à une annonce ou la prise de contact avec les chasseurs de têtes, le job que vous trouverez sera un job, mais pas forcément « le bon job » qui vous offrira la possibilité de progresser et dans lequel vous vous épanouirez.

Le réseau pour valider son projet

Le réseau est également un formidable outil vous permettant de valider votre projet ou même d'explorer de nouvelles opportunités. Vous serez en effet souvent surpris par l'étendue des ressources de votre réseau sur lesquelles vous allez pouvoir vous appuyer pour tester la faisabilité de votre projet.

Testez et validez votre projet...

Il est tout à fait légitime d'utiliser votre réseau pour vous aider à avancer dans votre ou vos réflexions. Vous pouvez ainsi solliciter votre réseau pour tester et valider votre projet. Vous confronter à des avis de professionnels avisés se révèle souvent très utile. Ces échanges vous permettent notamment de vous assurer que votre vision de votre nouvelle activité est bien en phase avec les réalités du marché. C'est non seulement l'occasion de tester la faisabilité de votre projet, mais aussi de confirmer votre motivation.

... mais évitez de brouiller votre image

Il est important que vous gardiez à l'esprit que vous ne devez surtout pas «brouiller» votre image auprès de votre réseau. Si vous conduisez parallèlement plusieurs projets, lors d'un entretien réseau, vous devez vous astreindre à ne parler que d'un seul projet. Celui qui vous paraît le plus pertinent en fonction de votre interlocuteur.

Vous ne devez pas donner l'impression à votre interlocuteur que vous courez plusieurs lièvres à la fois, mais au contraire que vous êtes aligné sur votre projet. De ce fait, il sera plus enclin à se mobiliser pour répondre à vos demandes.

Aussi, exposez le projet pour lequel votre interlocuteur est le mieux placé pour vous conseiller et vous aider.

Le réseau pour entrer en contact avec sa cible et se créer de la visibilité

Activer son réseau est pour beaucoup une démarche pas toujours naturelle mais qui, si elle est bien menée, s'avère souvent très fructueuse. Il vous faut donc comprendre et intégrer comment fonctionne un réseau et de quelles manières vous pouvez le solliciter et pourquoi.

Entrez en contact avec votre cible

Conduire une démarche réseau consiste, en fonction de votre projet, à identifier précisément vos cibles prioritaires qui peuvent être des décideurs ou plus simplement des professionnels potentiellement en recherche de talents pour leurs équipes ou celles de leurs collègues. Activer votre réseau, c'est utiliser des points d'appui en mobilisant des cibles secondaires pour petit à petit remonter sur vos cibles premières. L'idée étant qu'au fil de ces entretiens, vous alliez solliciter vos interlocuteurs pour vous aider à rentrer en contact avec de nouvelles cibles. Considérez ainsi votre réseau comme un démultiplicateur d'opportunités.

▦ Faites-vous connaître et acquérez de la visibilité

Activez votre réseau va vous mettre en contact avec des professionnels qui vont désormais vous connaître et pour beaucoup d'entre eux apprécier vos qualités professionnelles et personnelles. De ce fait, vous allez acquérir une plus grande visibilité sur le marché des talents que vous visez. Aussi, très naturellement, lorsqu'ils auront connaissance d'une opportunité professionnelle susceptible de vous intéresser, ils n'hésiteront pas à vous recontacter.

▦ Dans tous les cas, restez aligné sur votre objectif

L'objectif de la démarche réseau est donc d'établir un bon contact avec vos interlocuteurs pour obtenir des noms et des recommandations de nature à vous rapprocher ainsi de vos cibles prioritaires.

Dans ce processus, il est très facile de perdre de vue votre objectif premier et d'occuper votre temps en rencontrant des personnes certes sympathiques, mais sans utilité réelle directe ou indirecte par rapport à votre objectif.

Par ailleurs, vous pouvez parfois vous laisser entraîner selon vos interlocuteurs à développer une « conversation de salon » et non celle d'un professionnel. C'est un travers d'autant plus dommageable si vous vous trouvez en face d'une de vos cibles prioritaires qui ne vous identifiera pas comme un véritable professionnel. Par ailleurs, en fin d'entretien, il vous sera beaucoup plus difficile de solliciter une ou plusieurs recommandations pour progresser dans votre démarche.

Soyez donc vigilant à, certes, créer un climat chaleureux et positif dans vos échanges, mais également à inscrire la relation dans un cadre professionnel.

Surmonter ses freins à utiliser son réseau

Votre éducation vous a rarement préparé à cet exercice. Par ailleurs, vous pouvez ne pas avoir intégré ce qu'est réellement une démarche réseau et penser que le réseautage ou le networking est réservé aux élites et qu'il s'apparente à du copinage ou à du piston.

■ Assimilez ce qu'est une démarche réseau

Pour ne pas faire de faux pas et ne pas vous griller auprès de votre réseau, il est important de bien comprendre qu'un réseau est un espace de partage et d'échange d'informations reposant sur la confiance et sur le mode du donnant-donnant.

Un espace de partage et d'échange d'informations

Un bon réseauteur n'est pas celui qui attend des cadeaux ou des passe-droits. Au contraire, c'est celui qui envisage le réseau comme un lieu de partage et d'échange, et ce dans un but pas nécessairement intéressé. Considérez le réseau comme un investissement sur le long terme pour lequel vous n'attendez pas directement de retour sur investissement immédiat. C'est en adoptant ce type d'attitude positive et d'ouverture que vous serez le plus en phase avec votre réseau.

Un espace reposant sur la confiance et sur le mode du donnant-donnant

Comme dans toute communauté, il faut savoir donner pour recevoir. Vos interlocuteurs vous donneront s'ils sont en confiance, et vous-même vous ne donnerez que si vous êtes en confiance.

Pour que la confiance et le don fonctionnent, il vous faut être à la hauteur de vos engagements. C'est par votre fiabilité, votre capacité à traduire en actes vos paroles que vous serez reconnu au sein de votre réseau et que vous construirez une dynamique positive autour de vous.

■ Dépassez vos blocages personnels

Il peut être en effet gênant ou intimidant de solliciter l'aide de personnes que vous pouvez connaître ou ne pas connaître du tout. Mais une fois vos éventuels blocages personnels dépassés, vous serez surpris non seulement par l'aisance que vous allez vite acquérir, mais aussi par le plaisir que vous allez prendre à rencontrer et à échanger avec de nouvelles personnes.

Travaillez votre mental pour vous mobiliser

Demander de l'aide n'est pas honteux et d'ailleurs ce n'est pas vraiment de l'aide que vous demandez à votre réseau, mais des conseils, comme cela vous est déjà arrivé à de nombreuses reprises dans votre vie professionnelle.

De plus, n'oubliez pas qu'un entretien réseau est un échange et que votre interlocuteur lui aussi va s'enrichir de votre rencontre. Vous serez d'ailleurs très surpris du nombre de personnes qui vont répondre très positivement à vos demandes de rendez-vous. Si ces personnes *a priori* très occupées acceptent de vous rencontrer, c'est bien qu'elles sont intéressées elles aussi pour échanger avec vous.

Toutefois, si vous sortez d'une situation douloureuse avec votre précédent employeur et que vous n'avez pas totalement tourné la page, il est souvent préférable d'attendre un peu avant de mobiliser votre réseau.

Tant que vos sentiments d'injustice ou de colère seront présents, vous risquez de projeter une image négative de vous à vos interlocuteurs.

Intégrez les motivations de vos interlocuteurs

Rares sont les êtres humains qui n'aiment pas se rendre utiles et qui ne cherchent pas dans leurs actions des satisfactions personnelles. Or, la démarche réseau est par essence une activité qui permet à vos interlocuteurs de satisfaire leurs besoins d'utilité et de valorisations personnelles :

- vos interlocuteurs ont le sentiment de rendre service à la personne qui vous a recommandé ;
- vos interlocuteurs se sentent utiles par les conseils qu'ils vous donnent ;
- vos interlocuteurs se trouvent valorisés par votre sollicitation ;
- vos interlocuteurs, s'ils vous reçoivent, c'est parce qu'ils y gagnent quelque chose d'une manière ou d'une autre.

Ne négligez pas le plaisir que vous allez ressentir à échanger...

S'il est un peu délicat de prendre son téléphone ou d'écrire un mail et de prendre le risque de s'exposer à un refus, en revanche vous serez toujours surpris du plaisir que vous éprouverez à rencontrer de nouvelles personnes et à pouvoir échanger avec elles sur des sujets qui vous tiennent à cœur.

... ni le regain de confiance que vont vous apporter ces échanges

Rencontrer et échanger avec des personnes bienveillantes de votre sphère professionnelle est souvent extrêmement stimulant et positif pour vous.

Si votre dernière expérience professionnelle s'est avérée compliquée et a entamé votre vision de vos capacités professionnelles, rencontrer et échanger avec des professionnels de votre secteur vous permettra dans bien des cas de reprendre confiance.

Certains découvrent ainsi qu'ils disposent d'une expertise technique rare et d'autres que leurs carnets d'adresses sont de véritables atouts.

Dans tous les cas, cet exercice vous permettra de « pratiquer en chambre » votre métier en mobilisant vos connaissances, activant vos réflexes professionnels et sollicitant vos capacités d'analyse...

Exercice 28 – Je dépasse mes freins pour mobiliser mon réseau

1. Faites vôtre l'idée que le marché de l'emploi est devenu une place de marché où le partage d'informations est fondamental.
2. Intégrez que vous ne vous situez pas dans une relation de demandeur, mais dans une relation gagnant-gagnant.
3. Éradiquez tout sentiment de honte à solliciter des personnes que vous connaissez pas ou peu : la démarche réseau est devenue l'outil premier de recherche d'emploi pour les cadres et rares sont ceux qui n'y ont pas eu recours à un moment donné de leur carrière.
4. Considérez de ce fait l'activation de votre réseau comme le vecteur premier de succès pour votre recherche d'emploi.
5. Ayez à l'esprit les propres motivations des personnes que vous allez rencontrer : sentiment d'être utile, besoin de valorisation...
6. Soyez conscient de ce que vous pouvez leur apporter.
7. Ancrez en vous le plaisir que vous apportent ces échanges.

Affûter son pitch pour être efficace dans sa démarche réseau

Votre projet professionnel est clair et vous êtes prêt à aller vous confronter au marché, mais également à vous enrichir en activant votre réseau. Pour que vos actions se révèlent fructueuses, savoir présenter votre projet avec efficacité est indispensable. Pour cela, vous devez impérativement travailler sa formulation au préalable.

Pour que votre démarche soit efficace, il faut également que vous ayez pris le temps d'identifier précisément les cibles que vous cherchez à atteindre, vos points d'appui possibles et que vous ayez donc défini votre stratégie réseau.

Le pitch, c'est votre carte d'identité. On pourrait le comparer à une bande-annonce : c'est ce qui vous donne envie d'aller voir le film… ou pas !

En début d'entretien, il est important de vous présenter afin que votre interlocuteur puisse vous situer et que votre échange puisse démarrer et surtout se développer sur les terrains qui vous intéressent.

◾ Captez l'attention en vous présentant en une à deux minutes

Votre interlocuteur n'étant pas un surhomme, vous disposez de son attention réelle pendant une minute. Après une minute, elle commence à décliner.

Vous devez donc impérativement ne pas franchir la barre des deux minutes fatidiques. Un pitch d'un jeune débutant peut tourner autour d'une minute, mais en aucun cas vous ne pouvez envisager de dépasser les deux minutes si vous êtes un senior.

Pour soutenir l'attention de votre recruteur tout au long de ces 60/120 secondes, il vous faut donc jouer avec toute la panoplie des outils de communication, que ce soit la sélection des informations que vous présentez, le moment où vous les énoncez, les mots que vous employez, vos silences, vos inflexions de voix…

Classiquement, ce sont les éléments contenus dans votre première phrase et la dernière que votre interlocuteur mémorisera le mieux. Encore une fois, c'est un peu comme pour un film : on se souvient mieux du début et de la fin de l'histoire.

◾ Donnez envie à votre interlocuteur d'aller plus loin

Vous devez faire en sorte que votre interlocuteur puisse vous situer, c'est-à-dire qu'il ait intégré qui vous êtes : votre carte d'identité et votre proposition de valeur. Ces premières minutes sont primordiales. Il vous faut créer l'envie chez votre interlocuteur d'en savoir plus sur vous pour enclencher ensuite un véritable échange.

◾ Positionnez la relation

Votre objectif n'est pas d'apparaître comme un demandeur d'emploi mais comme une personne à la recherche d'informations, de conseils et d'échange.

Vous situer en tant que demandeur d'emploi ne peut que mettre mal à l'aise vos interlocuteurs.

Les sept règles d'or d'un bon pitch

Un bon pitch ne s'improvise pas en «live» lorsque vous êtes en face de votre interlocuteur. Vous devez donc l'avoir impérativement préparé avec soin. Un bon pitch est construit autour de sept règles d'or qu'il est bon que vous ayez en tête au moment où vous l'élaborez.

▓ Règle 1 : un bon pitch doit être concis

Pour ne pas dépasser les deux minutes rédhibitoires, vous devez être sélectif et compact dans vos formulations. Être sélectif, c'est ne pas vouloir tout dire mais seulement ce qu'il est utile de dire. Plutôt que de perdre vos interlocuteurs avec des développements longs et parfois ennuyeux, jouez la carte de l'efficacité.

▓ Règle 2 : un bon pitch doit être différenciant

Pour cela, vous devez avoir réfléchi au préalable à vos facteurs de différenciation. Qu'est-ce qui fait de vous quelqu'un de différent des autres ?

Pour ma part, j'ai remarqué que certains de mes clients avaient parfois totalement intégré leurs facteurs de différenciation. En effet, à force de faire appel en permanence à ces spécificités dans leur quotidien professionnel, ils étaient devenus incapables de les voir, car ils les considéraient comme une norme dans leur contexte.

Dans certains cas, j'ai aussi constaté que des candidats avaient pu considérer certains aspects de leur personnalité comme des handicaps à un moment donné et les avaient donc masqués avec soin. Mais ces mêmes aspects ont pu se révéler des années plus tard comme des avantages face à des candidats au profil plus classique.

Ne négligez pas cette réflexion sur vos facteurs de différenciation, que vous soyez expérimenté ou jeune débutant. Elle vous est utile pour construire votre pitch et, surtout, elle va vous permettre de faire la différence tout au long de l'entretien mais surtout de retenir ainsi l'attention de votre recruteur.

Exercice 29 – J'identifie mes facteurs de différenciation

1. Revisitez votre vie personnelle : celle-ci est souvent beaucoup plus riche que vous le pensez au premier abord. Elle vous a conduit à vous passionner, à vous investir, ou encore à découvrir certains domaines qui peuvent être très intéressants dans une vie professionnelle. C'est d'ailleurs souvent dans cette sphère personnelle que les jeunes diplômés puisent leurs facteurs de différenciation.

2. Quelles langues maîtrisez-vous ?

3. Avez-vous été exposé aux différences culturelles dans votre enfance ou lors d'une ou de plusieurs expatriations ?

4. Disposez-vous d'une combinaison de compétences particulières ? RH + Finance ou Marketing + Contrôle de gestion ou Logistique + Production...

5. Avez-vous évolué professionnellement dans des contextes particuliers ?

6. Avez-vous participé ou géré des projets originaux ?

7. En quoi êtes-vous différent d'un collègue qui occupe ou a occupé le même poste que vous aviez ?

▣ Règle 3 : un bon pitch permet à votre recruteur de vous situer par rapport à sa problématique

Pour donner envie à interlocuteur d'aller plus loin, vous devez lui apporter les informations dont il a besoin pour pouvoir vous « calibrer » et vous situer par rapport aux environnements qu'il connaît.

Votre formation initiale peut faire partie de ces éléments à mettre en avant. En effet, si vous êtes diplômé d'une école de tout premier plan, l'annoncer permet tout de suite de fixer le cadre. Votre interlocuteur ne devrait normalement pas se poser de questions sur vos aptitudes intellectuelles. Si vous disposez d'une expérience conséquente, cela peut vous paraître un peu saugrenu de faire référence à un concours que vous avez passé il y a plus de vingt ans. Pourtant, mentionner son école, surtout si elle est très prestigieuse, n'est pas à négliger dans le contexte français. En revanche, c'est un comportement plus discutable dans le contexte anglo-saxon.

Votre recruteur sera surtout sensible à quelques éléments précis et chiffrés lui permettant d'appréhender vos responsabilités en termes de périmètre et de niveau de responsabilité.

Soyez sélectif, choisissez uniquement les données permettant d'apporter un éclairage réel de votre parcours.

Exercice 30 – J'apporte des éléments chiffrés à mon recruteur

1. Recherchez les éléments chiffrés qui vous paraissent illustrer au mieux vos contributions. Pour un commercial, cela peut être le montant et le nombre de contrats signés ; pour un chargé de recrutement, le nombre de recrutements gérés ; pour un responsable de la production, le nombre de pièces produites.

2. Parmi les items suivants, retenez celui qui vous paraît le plus significatif de vos responsabilités :

- montant du budget géré ;
- marge réalisée ;
- chiffre d'affaires de votre entité ou généré par votre activité propre ;
- économies réalisées ;
- valeur ajoutée ;
- impact direct de votre activité sur une autre donnée chiffrée de l'entreprise ;
- pourcentage d'augmentation des ventes ;
- nombre d'opérations gérées ;
- taille de l'équipe encadrée ;
- durée hommes/jours des projets que vous avez conduits.

3. Posez-vous la question de la cohérence des chiffres annoncés avec le secteur que vous visez. Il est important que ces données ne soient pas divergentes avec le secteur et le type d'entreprise que vous visez.

Règle 4 : un bon pitch est construit autour de mots-clés

Pour retenir l'attention de votre interlocuteur, utilisez des mots-clés. Un mot-clé, c'est un mot qui montre que vous connaissez bien votre sujet, sans pour autant être un mot technique qui pourrait être rébarbatif pour votre interlocuteur. C'est également un mot qui fait mouche dans l'esprit de votre interlocuteur, car il est porteur de sens pour lui.

Si vous avez travaillé dans une ou plusieurs entreprises à forte notoriété, réputées pour leur caractère formateur ou encore pour certains process de travail, vous pouvez considérer que le nom de cette entreprise est un mot-clé.

Ainsi, mentionner le nom de Valeo équivaut à indiquer que vous êtes parfaitement à l'aise dans des univers fortement processés et habitué à une maîtrise rigoureuse des coûts. De même, le nom de L'Oréal est synonyme de créativité et d'une bonne capacité à défendre ses idées.

▪ Règle 5 : un bon pitch est fluide

Votre pitch doit idéalement s'articuler autour d'un fil rouge pour créer fluidité et clarté. Votre interlocuteur doit pouvoir vous suivre sans faire d'effort.

Aussi, ne le submergez pas de dates et d'allers-retours chronologiques. Donnez-lui simplement quelques repères temporels, et éventuellement de localisation, pour qu'il puisse comprendre la logique d'ensemble de votre parcours. Mais, surtout, ne racontez pas votre parcours poste par poste. Cela l'ennuierait et vous êtes beaucoup plus que la somme des postes que vous avez occupés.

Vous pouvez sans problème annoncer clairement plusieurs de vos caractéristiques sans faire de transition entre elles.

Pour renforcer l'effet de fluidité, privilégiez des phrases simples.

▪ Règle 6 : un bon pitch est structuré, précis et facilement mémorisable

Ayez à l'esprit que, bien souvent, votre interlocuteur vous recevra le soir après une journée de travail bien remplie et qu'il ne prendra pas de notes. Aussi, vous devez l'impacter par la clarté et la précision de votre discours pour qu'il se souvienne de vos principales caractéristiques, pour pouvoir vous connecter avec d'autres membres de son réseau, mais également vous recontacter s'il était amené à avoir connaissance d'une opportunité professionnelle susceptible de vous intéresser.

▪ Règle 7 : un bon pitch comporte une projection vers le futur

Après avoir présenté qui vous êtes et très globalement quel a été votre parcours, il vous faut tout simplement dire pourquoi vous êtes aujourd'hui ici, dans son bureau, et savoir formuler précisément vos demandes.

Exercice 31 – Je construis mon pitch

1. Vous avez maintenant :
- identifié vos facteurs de différenciation ;
- selectionné les chiffres qui vous paraissent significatifs de votre activité ;

- établi la liste de vos mots-clés ;
- clarifié et précisé vos attentes par rapport à ce rendez-vous.

2. Commencez à rédiger votre pitch dans la perspective d'un entretien précis. C'est plus facile et cela vous donne une échéance.

3. Aérez votre présentation écrite pour bien mémoriser l'enchaînement de vos idées.

4. Écrivez-le en indiquant vos temps de respiration et les silences (qui permettront à votre interlocuteur de mémoriser ce que vous venez de lui dire).

5. Indiquez en gras les mots-clés.

6. Chronométrez-vous, il est impératif que vous ne dépassiez pas deux minutes. Ayez comme repère : 70 mots = 30 secondes.

7. Entraînez-vous à le dire. Il faut que cela devienne complètement naturel et, surtout, que vous ne donniez pas l'impression de réciter votre texte.

8. Investissez dans cet exercice, c'est votre carte de visite, mais aussi la première impression que vous donnez à votre interlocuteur.

9. Adaptez systématiquement votre pitch de base aux interlocuteurs que vous allez rencontrer.

Ne négligez pas la préparation de votre pitch. Votre pitch est votre outil marketing numéro 1 pour réussir votre recherche d'emploi. Vous allez être amené à l'utiliser tout au long de votre recherche, que cela soit pendant vos rendez-vous réseau ou en entretien de recrutement. Il est donc important que vous consacriez un peu de temps à sa préparation.

L'exemple de...

Antonin, débutant à la recherche d'un poste d'ingénieur commercial, idéalement dans la high-tech

« Je viens d'avoir 25 ans. J'ai une formation en école de commerce avec une majeure en commercial-marketing (respiration). Après différents stages à dominante marketing et commercial dans des secteurs très variés comme l'assurance et la high-tech [choisir deux secteurs en fonction de celui de l'entreprise qui recrute] et un stage de six mois en tant qu'assistant chef de produit à la Fnac, je souhaite me diriger vers le secteur de la vente.

(silence)

J'ai en effet eu la chance de me tester à la vente lors de mon stage chez Assurmille. C'est une activité que j'ai beaucoup appréciée par ses côtés stimulants et ses challenges.

(silence)

Aujourd'hui, j'ai envie de faire mes preuves dans un métier de commercial terrain et je souhaiterais échanger avec vous sur les spécificités de la vente de produits high-tech et plus particulièrement sur le métier d'ingénieur grands comptes grandes surfaces spécialisées. »

(silence)

L'exemple de...

Philippe, débutant passionné d'aéronautique rencontrant un ingénieur d'études d'une SSII

« J'ai un master en sciences de l'ingénieur avec une spécialité en aérodynamique et aéro-acoustique. J'ai un peu plus d'un an d'expérience grâce à trois stages *(respiration)* :
- le premier à la Direction générale de l'armement ;
- le second au CNRS ;
- le troisième chez Thales.

Tous les trois dans les domaines de la simulation numérique et du traitement du signal.

(silence)

Par ailleurs, passionné par l'aéronautique, j'ai passé un an au sein de la Marine nationale en tant qu'élève pilote de chasse sous contrat.

(silence)

Je souhaiterais m'entretenir avec vous sur le type de missions qui vous sont confiées par vos clients issus de l'aéronautique. »

(silence)

L'exemple de...

Amélie, à la recherche de nouvelles opportunités dans le domaine de l'innovation marketing

« Je suis franco-américaine et j'ai fait une école de commerce international *(respiration)*.

J'ai un parcours complet d'une vingtaine d'années en marketing au sein de deux structures, une PME du jouet et un grand groupe agroalimentaire familial, le groupe Toutestbon.

(silence)

Ce parcours m'a permis de travailler sur l'ensemble des problématiques marketing de la grande consommation, que cela soit *(respiration)* :
- le pilotage opérationnel de marque en local, avec les aspects études consommateurs, communication, et bien évidemment business (respiration) ;
- la définition et la mise en œuvre de stratégies zone, pays et marque (respiration) ;
- l'innovation, de l'identification d'opportunités à la génération d'idées au développement produit.

(silence)

Ceci sur des business pouvant aller jusqu'à 800 millions d'euros, avec des équipes de cinq personnes en direct et cinq en fonctionnel, à distance, et cela toujours sur des marchés internationaux, matures ou en développement, émergents.

(silence)

Aujourd'hui, je suis à la recherche d'une nouvelle opportunité, je souhaiterais échanger avec vous sur la manière dont vous réussissez à conjuguer développement international et innovation dans une entreprise à taille humaine comme la vôtre. »

(silence)

L'exemple de...

Luc, directeur marketing et commercial

« J'ai une expérience de direction de marque et de filiale dans les produits de grande consommation et plus particulièrement dans l'univers du cosmétique en contexte international.

(silence)

J'ai pu développer au cours de mon parcours quatre compétences clés :
- la gestion et l'optimisation de P&L *(profit and loss)* dans des entités de 40 à 120 millions d'euros ;
- la gestion d'une marque sur un marché dans ses dimensions de communication, pricing et distribution ;
- la gestion et l'animation de réseaux de distribution ;
- le management d'équipes allant de 20 à 100 personnes.

(silence)

Aujourd'hui, je souhaite échanger avec vous sur les évolutions du marché constitué en Asie et plus particulièrement partager vos visions du cosmétique masculin. »

(silence)

L'exemple de...

Thomas, responsable marketing avec une forte expertise « études consommateurs »

« Je suis diplômé de l'ESSEC et mon parcours se caractérise par :
- une double expérience en institut d'études chez Taylor Nelson Sofres pendant huit ans et chez l'annonceur dans deux groupes internationaux de la grande consommation, un groupe à actionnariat familial d'abord Toutestbon (quatre ans), et ensuite le groupe Danone (huit ans) ; *(petit silence)*
- un fort ancrage international au travers d'une expatriation en Asie (pendant quatre ans) et des fonctions m'ayant conduit à développer et à implémenter des partages de savoir et des process du global au local, et vice versa, dans des logiques de conduite de changement ; *(petit silence)*
- une forte expertise études et insight consommateur autour des thématiques de nutrition-santé qui s'est élargie à la gestion, au développement et à la stratégie d'innovation, dans une optique très orientée business, notamment sur de la recherche de profitabilité pérenne.

(silence)

Et tout cela en animant des équipes pluridisciplinaires de six à dix personnes couvrant toute la chaîne de valeur (de la R&D à la supply et à la logistique), et en menant des projets à fort potentiel business (certains pouvant aller jusqu'à 500 millions d'euros).

(silence)

Aujourd'hui, je souhaiterais partager nos expériences réciproques de la nutrition-santé comme levier de croissance sur des marchés matures. »

(silence)

L'exemple de...

Joséphine, responsable ressources humaines avec une compétence système de rémunération

« Après une formation universitaire en gestion financière, puis une spécialisation en ressources humaines à Dauphine… *(respiration)*, j'ai un parcours professionnel de plus de dix ans effectué dans deux grands groupes dans les secteurs de l'énergie et des services auprès de populations techniques et commerciales.

(silence)

J'ai occupé essentiellement des postes combinant des expériences corporate et opérationnelles, que ce soit dans le domaine :

- du développement RH ;
- des relations sociales ;
- ou encore des activités plus techniques touchant au système de rémunération ou à la gestion de la performance.

J'ai eu la chance d'encadrer des équipes de deux à huit personnes et d'exercer des responsabilités de business partner dans des contextes de transformation marques.

(silence)

Je souhaiterais aujourd'hui échanger avec vous sur l'accompagnement au changement mis en place au sein de votre entreprise pour accompagner les salariés dans leur appropriation des outils digitaux avec tous les impacts que cela peut avoir sur leurs métiers. »

(silence)

Après la réflexion en chambre, il vous faut maintenant passer à la pratique, c'est-à-dire aller tester votre pitch et évaluer son impact auprès de vos interlocuteurs. Dans bien des cas, vous serez conduit à le modifier. À la lumière de vos entretiens, revisitez-le donc régulièrement.

Exercice 32 – Je m'entraîne et je teste mon pitch

1. Après vous être entraîné et enregistré seul, pitchez devant un ami.
2. Vérifiez que vous n'avez pas dépassé les deux minutes fatidiques. Par expérience, j'ai remarqué qu'il était plus difficile de rester dans les deux minutes en face-à-face que devant son miroir.
3. Posez les questions suivantes à votre ami :
- Mon débit de parole et mon volume sonore étaient-ils constants ?
- Ai-je été naturel ? Est-ce que je t'ai donné l'impression de réciter un texte ?
- M'as-tu vraiment écouté totalement pendant ces deux minutes ? As-tu décroché ? Si oui, quand ? T'es-tu reconnecté ? Si oui, à quel moment ?
- Te suis-je apparu comme un demandeur d'emploi ?
- As-tu tout compris ? Si cela n'était pas le cas, demandez-vous si vous n'avez pas un peu jargonné ou si votre pitch n'était pas trop technique.
- Qu'as-tu retenu de mon pitch ? De quoi vas-tu te souvenir dans une semaine ?
4. En fonction de son retour, remixez votre pitch, il suffit souvent de le simplifier.

Définir sa stratégie réseau

Votre réseau se caractérise par la somme de vos contacts et c'est en vous appuyant sur ces contacts que vous allez pouvoir mettre en œuvre votre stratégie réseau et parvenir à entrer en contact avec les cibles que vous aurez identifiées. C'est en ayant défini une stratégie précise et opérationnelle que vous serez le plus efficace. C'est une étape indispensable qui vous permettra de structurer votre démarche, mais également de vous faire gagner du temps.

▦ Comme un chasseur de têtes, identifiez méthodiquement vos cibles

Tel un chasseur de têtes, il vous faut déterminer les cibles que vous allez chercher à approcher. D'une manière générale, cherchez à approcher plutôt des opérationnels que des DRH ou des responsables de recrutement. Un DRH ou un responsable de recrutement considérera votre sollicitation comme celle d'un candidat et vous demandera d'envoyer un CV et vous ne pourrez pas déployer votre démarche réseau. Par ailleurs, bien souvent, les ressources humaines des entreprises n'ont connaissance d'un besoin que lorsqu'il leur est demandé de mettre en œuvre un recrutement. Procéder ainsi ne vous permettra pas de détecter en amont un besoin et de vous positionner dessus avant qu'il sorte sur le marché, que cela soit par une annonce, une chasse...

Exercice 33 – J'identifie mes cibles

1. Ne vous préoccupez pas de savoir si vous avez l'opportunité d'entrer en contact avec tel ou tel acteur.

2. À partir des secteurs et sous-secteurs dans lesquels vous voulez travailler, établissez la liste la plus précise des entreprises opérant sur ces secteurs. Soyez exhaustif, ne vous limitez pas aux grandes entreprises et aux acteurs phares de ces secteurs. Il existe souvent de véritables pépites peu connues du grand public.

3. Au sein de ces entreprises, identifiez les fonctions qui vous paraissent les plus proches du poste que vous recherchez. Sachez que parfois la même fonction peut avoir une dénomination différente selon les entreprises.

4. Intéressez-vous précisément à ces fonctions pour comprendre à qui ces fonctions sont rattachées et avec qui elles travaillent, que cela soit au sein de l'entreprise ou à l'extérieur (fournisseurs, agences, clients...).

5. Dressez ainsi la cartographie précise de la fonction que vous visez pour chacune de vos entreprises cibles.

▦ Répertoriez et qualifiez vos relations

Avant de vous lancer dans une démarche, vous pensez souvent que vous n'avez pas de réseau. En fait, comme tout individu normal, vous avez un cercle de relations. Il vous faut seulement en faire l'inventaire.

Exercice 34 – Je dresse l'inventaire de mes relations

1. Ayez conscience que c'est un exercice qui va s'étaler dans le temps : vous allez devoir, d'une part, faire appel à votre mémoire et, d'autre part, connecter et trier une multitude d'éléments.

2. Revisitez les principales étapes de votre vie (études, prises de poste, changements de sociétés, déménagements...).

3. Commencez à établir la liste de toutes vos relations. À titre indicatif, vous pouvez investiguer les sphères suivantes :
- les membres de votre famille ;
- vos amis et relations personnelles, vos voisins, parents des amis de vos enfants, etc. ;
- vos camarades d'école ou d'université ;
- vos associations d'anciens élèves ;
- les membres d'un club ou d'associations sportives, caritatives... ;
- les membres d'organisations patronales ou de syndicats de métiers...

4. Travaillez en profondeur votre sphère professionnelle en vous posant les questions suivantes :
- Qui travaillait en même temps que moi ? Quels ont été mes collègues à mes différents postes ?
- Quels collègues je voyais en dehors du bureau à cette époque ?
- Qui ai-je accompagné ou m'a accompagné en voiture ?

- Qui m'a formé au moment de ma prise de fonction ?
- Qui me remplaçait quand j'étais absent ?
- Avec quels fournisseurs, clients et partenaires étais-je en contact ?
- …

5. Complétez cette liste lors d'une seconde séquence de travail quelques jours plus tard. Vous serez surpris par le nombre de noms que vous y ajouterez.

Une fois votre liste établie, il convient de la qualifier, c'est-à-dire d'identifier vos liens forts et vos liens faibles.

Les liens forts sont les personnes qui vous connaissent bien et qui n'hésiteront pas à vous donner des contacts. Sachez que les liens forts ne sont pas toujours les meilleurs connecteurs, car ils se situent le plus souvent dans votre sphère personnelle et ont souvent du mal à intégrer votre dimension professionnelle.

Les liens faibles sont les personnes qui vous situent, elles connaissent votre nom, mais ne savent pas forcément de façon très précise quel est votre métier. Ce sont les personnes que vous devez rencontrer pour obtenir des recommandations. Statistiquement, c'est en mobilisant vos liens faibles que vous déculerez votre réseau et que vous rencontrerez à terme votre futur employeur.

■ N'hésitez pas à reprendre contact avec vos liens faibles

Si vous avez perdu de vue un certain nombre de personnes, que cela soit des camarades de promotion, des anciens collègues, vous pouvez vous sentir mal à l'aise pour les solliciter. La meilleure manière est de jouer la carte de la sincérité. Vous serez dans la grande majorité des cas toujours surpris de l'accueil qui vous sera fait.

Exercice 35 – Je reprends contact avec un lien faible

1. Épluchez vos mails, carnets d'adresses pour retrouver leurs coordonnées. Au besoin, passez par un intermédiaire.

2. N'hésitez pas à utiliser LinkedIn et les facilités de mise en contact que ce réseau offre.

3. Articulez votre mail de la manière suivante :

- actez le fait que vous vous êtes perdus de vue. Idéalement, faites référence à un moment précis à partir duquel vos chemins se sont éloignés (graduation, pot de départ...) ;
- expliquez brièvement votre situation ;
- précisez clairement votre demande ;
- ouvrez en montrant votre intérêt pour la personne que vous sollicitez.

Vous êtes maintenant prêt pour réactiver vos liens faibles. Ne ménagez pas vos efforts car ce sont le plus souvent eux qui se révèlent les contacts les plus prometteurs. Reprendre contact va s'avérer souvent beaucoup plus simple que vous le pensiez, comme le montre l'échange de mails ci-dessous entre Martin et Fréderic.

L'exemple de...

Martin avec Frédéric, un camarade de promotion

Bonjour Fréderic,

Cela fait un bail que l'on s'est perdus de vue depuis notre réunion d'anciens pour les 10 ans de la promo. Les occupations, le boulot, les enfants…

J'ai actuellement du temps pour renouer avec mes vieux camarades. Après une période d'essai qui s'est mal terminée, j'ai redéfini mon projet professionnel et je cherche maintenant à rencontrer des informaticiens réseau afin de mieux définir mon marché et les entreprises cibles et enrichir ainsi ma connaissance de cette fonction.

J'essaie de reprendre contact avec la promo, mais je m'aperçois que mon carnet d'adresses est assez vide. Je ne retrouve même plus les coordonnées de Jean.

J'ai l'impression que tu te plais bien chez Netlove. Es-tu toujours sur Goussainville ? Salue pour moi Marie et les enfants.

Quand et où puis-je t'appeler ?

À bientôt.
Martin

Voici la réponse de Frédéric :

Salut Martin,

En fait, j'ai quitté Netlove pour Vivanet. Je n'ai pas le numéro de téléphone de Jean sur moi. Mais son mail est jean.lepingle@bottedefoin.fr

Cela peut être l'occasion de se retrouver un soir pour boire un verre tous les trois. On est toujours à Goussainville et nous aurions grand plaisir à t'y voir. Mon téléphone est 06 00 00 00 00. Tu peux m'y joindre facilement à partir de 19 h.

N'hésite pas à m'appeler et dans tous les cas j'espère à très bientôt.
À bientôt.
Frédéric

■ Organisez et planifiez votre démarche

Pour être efficace, vous devez agir avec méthode et planifier avec précision vos actions. Il serait en effet dommage de vous « griller » sur une de vos cibles prioritaires en n'étant pas suffisamment préparé ou de négliger de solliciter un lien fort disposant de l'introduction sésame que vous peinez à trouver.

Exercice 36 – J'actionne avec efficacité mon réseau

1. Pour vous mettre en confiance, si vous débutez votre démarche réseau, commencez à contacter vos liens forts.

2. Lorsque vous travaillez une cible, contactez au départ des personnes sans véritable enjeu : vos pairs ou potentiel N-1. Cela vous permet de recueillir des informations sur l'entreprise que vous ciblez avant de rencontrer vos potentiels N+1.

3. Ne négligez aucun lien : vous ne savez pas à l'avance quelles relations ils ont. Ils peuvent connaître des personnes dans les secteurs que vous visez.

4. Ne grillez pas vos contacts réseau : vous n'avez qu'une chance de les rencontrer et faire bonne impression.

5. N'enclenchez un contact stratégique (ex-CEO d'entreprise cible) que lorsque vous êtes sûr d'avoir la bonne recommandation et que vous avez recueilli au préalable suffisamment d'informations sur l'entreprise lors d'autres entretiens réseau.

Prendre contact avec ses relations réseau

La peur du refus est souvent l'étape la plus difficile à franchir. Pour dépasser cette peur, relisez au besoin l'exercice 28 (cf. *p. 69*), mais surtout dites-vous que vous ne prenez absolument aucun risque à contacter une personne.

Le pire serait seulement de ne pas décrocher le rendez-vous que vous n'aurez jamais obtenu si vous ne contactez pas cette personne.

■ La recommandation, un sésame gagnant...

Si vous disposez d'une recommandation, vous maximisez vos chances d'obtenir un rendez-vous. Il est donc important pour cela d'actionner en priorité vos liens forts pour lesquels vous n'avez pas besoin de recommandation et qui par essence sont susceptibles de vous donner des recommandations.

Exploitez toutes vos recommandations, même si, au premier abord, elles ne vous semblent pas toujours pertinentes, vous ne pouvez pas en effet préjuger si ces personnes seront de bons connecteurs.

■ ... mais en cas d'absence de recommandations, comment faire ?

Lorsque vous ne disposez pas de recommandation, il peut être judicieux, lors de votre prise de contact, d'indiquer à votre cible que vous partagez quelque chose avec elle (expérience, études, proximité de business ou problématique gérée, passion...) et/ou qu'elle peut avoir un intérêt à vous rencontrer. En l'interpellant ainsi, vous augmentez vos chances de réussite.

Exercice 37 – Je prends contact par téléphone

1. Choisissez de préférence d'appeler sur « les bordures », c'est-à-dire en tout début ou en fin de matinée ou en début d'après-midi ou en fin d'après-midi. D'une manière générale, évitez les lundis, souvent consacrés aux réunions internes.

2. Soyez concis et allez droit au but. Pour rappel, votre but est de rencontrer la personne pour lui demander *son* avis et *ses* conseils.

3. Personnalisez votre demande. Vous souhaitez rencontrer cette personne, car elle est unique – son avis et ses conseils sont importants pour vous.

4. Valorisez la personne appelée en vous appuyant sur ses compétences.

5. N'abordez jamais les difficultés que vous rencontrez actuellement.

6. Construisez votre scénario d'appel autour de trois temps :
- « Je vous contacte à titre personnel ou de la part de X pour un conseil » ;
- « Vous êtes directeur de XX, à ce titre vous avez une bonne connaissance de XX » ;

- « J'envisage de me développer davantage dans tel secteur, et je souhaiterais vous rencontrer… Seriez-vous disponible dans les deux semaines qui viennent ? ».

7. Confirmez la date et le lieu de rendez-vous.

8. Selon les cas, profitez-en pour récupérer le numéro de portable et/ou le mail de votre contact.

9. Souriez, on vous écoute !

Prendre contact par téléphone est plus engageant qu'un simple mail mais aussi souvent beaucoup plus efficace. Aussi, prenez votre courage à deux mains, si vous ne vous sentez pas très à l'aise au téléphone, et dites-vous bien que vous n'avez absolument rien à perdre.

L'exemple de…

Zoé, souhaitant changer de secteur

« Bonjour, je suis Zoé Lelynx, je vous appelle de la part de monsieur Superconnector qui m'a conseillé de vous appeler, car j'aimerais vous rencontrer afin d'avoir un conseil de votre part. Auriez-vous un moment à m'accorder d'ici la fin de l'année ?

– Qu'attendez-vous de ce rendez-vous ?… Quel type de conseil recherchez-vous ?

– Vous êtes directeur commercial chez Toutestbon et avez également exercé différentes fonctions en marketing chez Nestlé et de ce fait vous avez une bonne vision sur les défis que rencontre le secteur agroalimentaire et j'aimerais échanger avec vous sur cette thématique.

– Oui, mais dans quel but ?… Vous cherchez un job ?

– Je viens du secteur de la pharmacie qui est également confronté à des modifications fortes de son environnement et j'envisage de rejoindre le secteur de l'agroalimentaire et plus particulièrement le bio. C'est pourquoi je souhaiterais échanger avec vous sur votre vision de votre métier et de votre secteur et plus spécifiquement que vous me parliez de votre expérience personnelle.

– D'accord, mais pas avant début janvier.

– Est-ce que le mardi 5 janvier vous conviendrait ?

– Oui, 18 heures.

– Parfait, vous êtes bien au 15, rue de l'Abondance dans le VIIIe ?

– Oui.

– Puis-je noter votre portable ? »

Si une prise de contact par téléphone ne vous semble pas adaptée, envoyez un mail. Veillez cependant dans votre mail à être précis et clair sur votre demande. Vous ne pourrez pas l'expliquer comme vous pouvez le faire au téléphone.

Exercice 38 – Je prends rendez-vous par mail

1. Soyez clair dans l'objet de votre mail : « Demande de RV », « Sur les conseils de monsieur Superconnector », « Se rencontrer », « Demande de conseils ».
2. Indiquez, dès votre première phrase, le nom de la personne qui vous recommande.
3. Présentez-vous brièvement.
4. Formulez votre demande en valorisant votre interlocuteur.
5. Essayez, dans la mesure du possible, d'indiquer un terrain commun ou de mentionner des thématiques d'échange susceptibles d'intéresser votre interlocuteur.
6. Proposez une marche à suivre pour la prise de rendez-vous.
7. Validez que votre mail ne dépasse pas dix lignes.
8. Vérifiez l'orthographe de votre mail.
9. Ne joignez jamais votre CV. Votre démarche s'inscrit dans le cadre d'un entretien réseau.

Soyez patient, votre destinataire ne va pas forcément vous répondre dans l'heure. Évitez d'envoyer vos mails le lundi matin et le vendredi soir dans une boîte mail souvent bien pleine.

Dans tous les cas, si vous n'avez pas de réponse dans les dix jours, n'hésitez pas à relancer.

L'exemple de...

Benoît, directeur financier à la recherche d'une entreprise à taille humaine

Cher Monsieur,

Jean Surperconnector m'a vivement recommandé de vous rencontrer pour bénéficier de vos conseils.

Diplômé de Sciences-Po, après un parcours de directeur financier dans des entreprises internationales (Valeo et Renault), je suis à la recherche de nouvelles opportunités. Aujourd'hui, mon projet est d'intégrer une entreprise à taille humaine et en mutation, contexte d'entreprise que vous connaissez bien. Dans cette perspective, Jean considère que vous pourriez utilement m'éclairer sur l'adéquation de mes compétences à cet univers.

Si vous êtes d'accord sur le principe d'un entretien de quarante-cinq minutes, je vous propose d'appeler demain votre secrétariat pour fixer un rendez-vous à votre convenance.

Dans cette attente, je vous prie d'agréer, cher Monsieur, mes salutations distinguées.

Benoît Roi

L'exemple de...

Valérie, responsable marketing en contexte d'innovation de rupture

Objet : se rencontrer

Nos chemins se sont croisés l'année dernière lors de la conférence de l'école des Mines sur le thème de l'innovation.

J'ai un parcours de vingt ans dans le secteur financier sur des fonctions marketing et communication.

Plus que le secteur financier, ce qui me caractérise, c'est l'envie, l'énergie de travailler sur des lancements de produits, offres et services... dans des contextes de ruptures d'usage des consommateurs.

J'aurais aimé échanger avec vous sur les enjeux qui attendent les nouveaux entrants pour répondre aux besoins des consommateurs.

Auriez-vous un moment à m'accorder dans les semaines qui viennent pour me recevoir ?

Cordialement,
Valérie Gagneure

■ Sachez saisir les bonnes occasions pour relancer votre réseau

Envoyer un e-mail personnalisé à l'occasion d'un événement particulier à vos anciennes relations professionnelles (collègues, responsables, partenaires, fournisseurs) permettra de vous «rappeler à leur bon souvenir». De la même manière, vous pouvez adresser le même type de mail à des personnes rencontrées dans le cadre de vos recherches d'emploi.

Les vœux, les anniversaires d'événements comme le lancement ou la fin de projet, ou de création d'entreprise constituent de parfaites occasions pour relancer votre réseau.

Exercice 39 – Je relance mon réseau en envoyant mes vœux

1. Soyez vigilant à ne pas vouloir courir plusieurs lièvres à la fois. L'objectif de ce mail ou de votre carte de vœux est une reprise de contact.
2. Profitez-en pour faire part de votre actualité professionnelle (départ de votre précédent employeur, démarches en cours).
3. Essayez, dans la rédaction de votre texte, de faire écho à un projet, à une thématique de votre lecteur.
4. Selon les cas, proposez une rencontre.
5. Soyez concis.
6. Pour les métiers créatifs, démontrez vos talents.
7. Souvenez-vous, les vœux ne sont en aucun cas une occasion pour faire acte de candidature.

L'usage est d'envoyer ses vœux entre le 20 décembre et le 31 janvier. Ne laissez pas passer cette opportunité pour reprendre contact avec votre réseau. Planifiez et préparez cette opération.

L'exemple de...

Christine (mail de vœux classique)

Cher Monsieur,

Je vous souhaite une excellente année 20XX tant sur le plan personnel que professionnel. J'espère que le projet sur lequel nous avions échangé a pu aboutir comme vous le souhaitiez.

Je profite également de ce mail pour indiquer que, sur votre recommandation, j'ai pu rencontrer monsieur Rayon de Soleil avec lequel j'ai eu un entretien très fructueux.

À bientôt, je l'espère,
Christine Lamouche

L'exemple de...

Alain (mail de vœux pour préciser que vous êtes en recherche active d'emploi)

Hello Constantin !

Tous mes vœux pour cette nouvelle année. Qu'elle soit riche de jolis défis et belles rencontres pour toi et ta famille.
Pour ma part, je suis en train de finaliser ma transaction et avance déjà sur des projets de consulting qui, je l'espère, déboucheront sur des propositions d'emploi pérenne.

Dans cette perspective, je souhaiterais pouvoir échanger avec toi lors d'un déjeuner. Aurais-tu quelques disponibilités sur le mois de janvier ?

À très bientôt,
Alain

L'exemple de...

Isabelle (mail de vœux pour préparer une rencontre)

Tous mes vœux pour cette nouvelle année. Qu'elle soit riche de jolis défis et belles rencontres pour toi et ta famille.
Pour ma part, après huit années chez Toutestchou dans le domaine des Scoubidou, je regarde très activement les opportunités qui me permettraient de renouveler mon métier grâce à de nouvelles problématiques business. C'est donc un vœu de changement que je me souhaite pour 2019.
Je me permettrai peut-être, si tu le veux bien, de te solliciter pour des conseils ou d'éventuelles recommandations.

Isabelle

L'exemple de...

Hubert (mail de vœux pour une relation professionnelle proche)

Tous mes vœux de bonheur, de créativité, d'épanouissement pour cette nouvelle année.
Pour ma part, je me souhaite pour 2019 de quitter «Barbelé» pour aller explorer de nouvelles problématiques business.
Vive les nouveaux défis de cette nouvelle année !
Et pour bien commencer l'année, que dirais-tu d'un bon déjeuner ?

Hubert

L'exemple de...

Stéphanie (pour célébrer un anniversaire)

Cher Nicolas,

Une fois n'est pas coutume, je vous importune pour une joyeuse occasion, les 30 ans de Wondercie !

Pour avoir eu la chance de vous côtoyer au tout début de mon parcours professionnel lorsque vous lanciez Wondercie, je mesure la volonté, le niveau d'exigence et la force de conviction dont vous avez fait preuve pour réussir à imposer Wondercie comme le leader de son marché.

Alors, en toute simplicité, je vous souhaite un joyeux anniversaire admiratif.

Bien à vous,
Stéphanie

P.-S. : de mon côté, après toutes ces années passées chez Barbelé, je vais quitter prochainement le Groupe.

Impacter son interlocuteur...

Vous disposez au maximum de quarante-cinq minutes pour impacter votre interlocuteur et obtenir des recommandations sur les cibles qui vous intéressent.

Gardez bien à l'esprit que vous ne rencontrez pas cette personne pour qu'elle vous offre un poste. Donc, il est inutile de vous munir d'un CV. Il serait complètement improductif de remettre un CV à votre interlocuteur, vous risqueriez de le mettre mal à l'aise ou, pire, de lui donner l'impression que vous l'avez piégé en lui proposant un rendez-vous d'échange d'informations.

... pour qu'il se souvienne de vous comme d'un professionnel de valeur

Il est important que votre interlocuteur se souvienne de vous pour qu'il pense à vous s'il avait connaissance par son réseau d'un poste susceptible de vous intéresser.

Pour cela, il vous faut lui donner synthétiquement tous les éléments nécessaires lui permettant de vous situer sur un plan professionnel. D'où l'importance de bien préparer votre pitch. Au besoin, reportez-vous aux exercices 29 *(p. 71)*, 30 *(p. 73)*, 31 *(p. 74)* et 32 *(p. 79)*.

D'une manière générale, méfiez-vous des entretiens réseau avec des connaissances amicales. Ils ont parfois tendance à tourner à la conversation de salon.

Pour éviter cet écueil, vous devez impérativement poser un cadre professionnel dès le début de l'entretien. Pour cela, il est déconseillé de rencontrer vos amis après votre tennis hebdomadaire ou d'engager une discussion après un repas amical ; organisez un rendez-vous dans un cadre professionnel en les rencontrant dans leurs bureaux et en vous habillant en conséquence.

... pour susciter de nouvelles recommandations

Gardez à l'esprit que l'objectif de ce rendez-vous est certes de vous permettre de mieux connaître le secteur, l'entreprise et la fonction de votre interlocuteur, mais aussi de vous aider à vous rapprocher de votre cœur de cible en pouvant vous appuyer sur de nouvelles recommandations.

Pour cela, il ne faut pas hésiter à solliciter clairement des recommandations. L'idéal est de formuler votre demande une fois que vous avez créé le contact avec votre interlocuteur et qu'il a intégré votre proposition de valeur. Créer le contact, c'est avoir non seulement parlé de vous, mais surtout recueilli et rebondi sur sa vision, ses avis et ses conseils.

Pour obtenir des recommandations de valeur, il est souvent judicieux de mentionner à votre interlocuteur des noms d'entreprise ou des secteurs qui vous intéressent particulièrement. Soyez sélectif, faire un inventaire à la Prévert vous décrédibiliserait et indiquerait que votre démarche n'est pas structurée. Vous devez donc aiguiller votre interlocuteur vers des entreprises ou des secteurs dans lesquels *a priori* il peut disposer de contacts et qui sont en adéquation avec vos cibles.

Pour obtenir ces nouvelles recommandations, vous devez au préalable avoir assuré votre interlocuteur qu'il peut sans aucune crainte mobiliser son réseau pour vous aider.

... en rebondissant avec intelligence sur ses propos

Pour pouvoir impacter, il vous faut avoir préparé votre entretien et vous devez vous être renseigné :

- sur le parcours de la personne qui vous reçoit. N'hésitez pas à aller consulter son profil LinkedIn et à la googliser ;
- sur l'entreprise en termes d'activité, produits, stratégie, concurrence...
- sur son marché et ses évolutions.

Pour aller plus loin dans votre connaissance du secteur et de l'entreprise, vous pouvez vous appuyer sur le modèle des cinq forces de Michael Porter qui déterminent la structure concurrentielle d'une entreprise de biens et services : les clients, les fournisseurs, les concurrents, les entrants potentiels et les produits de substitution.

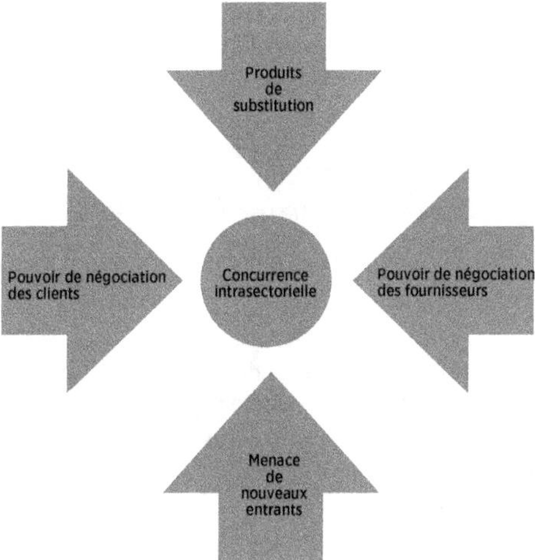

Les cinq forces de Michael Porter

Ce modèle a été élaboré en 1980 par l'économiste américain Michael Porter, professeur à l'université de Harvard dans son ouvrage *Competitive Strategy* (Free Press, 1998). Certains économistes européens y ont rajouté une sixième force : l'influence des pouvoirs publics.

Une bonne préparation *a minima* vous permettra de :

- fixer l'objectif du rendez-vous, c'est-à-dire ce que vous voulez obtenir de cette rencontre ;
- savoir comment vous allez démarrer l'entretien ;
- savoir comment vous allez attaquer le cœur du sujet.

C'est en démontrant à votre interlocuteur votre capacité à intégrer ses problématiques que vous l'impacterez et qu'il aura d'autant plus envie de vous mettre en contact avec des membres de son réseau. Plus votre interlocuteur aura perçu, au travers d'un échange de qualité et pertinent, votre valeur personnelle, plus il sera persuadé que certains membres de son réseau seront ravis de vous rencontrer compte tenu de ce que vous pourrez leur apporter.

■ ... par votre maîtrise de l'exercice et votre gestion du temps

Vous devez impérativement gérer rigoureusement le temps de l'entretien. C'est à vous de piloter l'entretien de manière à créer le contact, à impacter votre interlocuteur et à obtenir les informations que vous souhaitez sans oublier des recommandations.

Exercice 40 – Je conduis un entretien réseau étape par étape

1. Posez le cadre de l'entretien : « Je viens vous voir pour un conseil. »
2. Présentez-vous en « pitchant » :
- « Permettez-moi de me présenter » ;
- « Je pense que le mieux est de vous dire quelques mots sur moi, sur qui je suis... et vos conseils seront d'autant plus pertinents » ;
- « Je voudrais me présenter à toi comme je le fais à ceux qui ne me connaissent pas ».
3. Annoncez votre situation :
- « Je quitte la société Byebye. » Votre interlocuteur n'a pas besoin d'explication. Si la question du pourquoi vous est posée, votre réponse ne doit pas excéder trente secondes ;
- « J'envisage de me réorienter ».
4. Rappelez l'objet de l'entretien :
- « Je ne viens pas vous voir pour un job... je réfléchis » ;
- « Compte tenu de mes points forts et des spécificités de mon parcours, mon objectif est de... ».
5. Valorisez votre interlocuteur : « Je viens vous voir parce que vous... »
6. Engagez l'échange par une question que vous avez préparée auparavant.
7. Rebondissez avec pertinence sur les propos de votre interlocuteur.
8. Relancez la discussion en faisant réagir votre interlocuteur sur vos cibles.
9. Sollicitez une recommandation :
- « Qui me conseillez-vous de voir ? » ;
- « Puis-je me référer à notre entretien ? ».

▓ ... en le remerciant avec intelligence

Plus qu'une politesse élémentaire, c'est aussi une manière de laisser à votre interlocuteur une trace écrite de votre rencontre. Pour cela vous devez impérativement chercher à personnaliser au maximum le mail que vous envoyez et adopter le bon ton en fonction de la nature de l'échange que vous avez eu.

L'exemple de...

Sidonie, directeur de la communication

Hello Soline,

Il y a des rendez-vous qui allument des ampoules dans la tête (pour ne pas dire des rampes de spots)!
Je te remercie vraiment de m'avoir consacré du temps hier.
Cela m'a fait grand plaisir de retrouver ton énergie et aussi de voir qu'on est toujours sur la même longueur d'onde!
Tu m'as plus que convaincue de la pertinence de votre modèle.
Je ne te cache pas que je regarderai avec beaucoup d'intérêt les opportunités qui pourraient s'offrir à moi au travers d'Edisonlight... si de ton côté tu y trouves un intérêt!
Quoi qu'il en soit, ça nous a donné l'occasion de nous revoir et c'est ça l'important, restons en contact, je crois à fond à l'intelligence collective.

Sidonie

Cultiver son réseau

Considérez votre réseau professionnel comme un capital que vous allez faire vivre et grandir tout au long de votre vie professionnelle. Pour cela, vous devez l'entretenir, c'est-à-dire jouer votre rôle de connecteur et également continuer à rencontrer et à échanger avec des professionnels de votre secteur en n'ayant pas toujours un but précis. Rappelez-vous : c'est en donnant que vous recevrez.

À l'issue de cette partie, vous disposez maintenant de toutes les clés pour mettre en œuvre avec succès votre démarche réseau. Vous devriez être surpris par la qualité des personnes que vous vous apprêtez à rencontrer et je l'espère du plaisir que vous aurez à échanger avec elles.

Conduire une démarche réseau est une démarche qui s'inscrit dans la durée et va requérir de votre part une gestion rigoureuse de votre planning. Il vous faut à la fois consacrer du temps à générer de nouveaux rendez-vous (ciblage, appels téléphoniques, envoi de mail) et préparer et vous rendre aux rendez-vous que vous avez obtenus.

Cette démarche s'étalant dans le temps, il peut être judicieux parfois de faire le point et vous assurer que vous ne vous écartez pas des grands fondamentaux de la démarche réseau et que vous ne commettez pas les grossières erreurs qui vous feront rater votre entretien réseau à tous les coups!

Exercice 41 – Je veux être sûr de rater mon entretien réseau (exercice à manier avec précaution)

1. Je demande un job et non un conseil.
2. Je veux à tout prix «fourguer» mon CV à mon interlocuteur.
3. Je ne sais pas pitcher et me présenter de manière synthétique.
4. Je présente plusieurs projets professionnels.
5. Je laisse mon interlocuteur piloter la discussion.
6. Je positionne l'entretien dans un cadre amical et non professionnel.
7. Je ne dépasse pas la conversation de salon.
8. Je n'ai pas préparé mon entretien et ne connais rien sur mon interlocuteur, ni sur son entreprise ni sur son métier.
9. Je n'ose pas solliciter des recommandations en fin d'entretien.
10. Je ne suis pas clair dans mes demandes.
11. Je gère mal le temps de l'entretien.
12. Je ne remercie pas après le rendez-vous.
13. Je n'informe pas mon connecteur des résultats de mon entretien.

À l'issue de ce chapitre, vous pouvez initier votre démarche réseau. Une fois vos dernières appréhensions levées, vous allez être surpris par l'accueil souvent positif que recevront vos sollicitations, mais surtout du plaisir que vous allez éprouver à rencontrer et interagir avec de nouvelles personnes.

Chapitre 4
FRANCE OU INTERNATIONAL : ADOPTER LA STRATÉGIE D'UN CHASSEUR DE TÊTES

Pour ne pas gaspiller vos énergies et vous perdre dans des démarches improductives et aléatoires, il vous faut décliner votre projet en une stratégie de recherche précise et opérationnelle. Pour cela, vous devez identifier votre marché cible : c'est-à-dire établir la liste précise des sociétés et intitulés de postes en adéquation avec votre projet et votre profil. Puis dans un second temps, recenser l'ensemble de vos points de contact sur cette cible pour pouvoir activer à bon escient votre réseau.

Si vous avez formalisé votre projet, vous ne devriez pas rencontrer de réelles difficultés dans cette étape qui requiert néanmoins une certaine créativité.

Vous ne pouvez pas en effet contacter toutes les entreprises, mais cibler votre recherche sur celles qui potentiellement peuvent répondre à vos attentes, et surtout celles dans lesquelles un profil comme le vôtre fera mouche.

Décrypter son métier et les fonctions recherchées en cinq questions

Sachez que cette démarche est celle du chasseur de têtes qui, avant de commencer à chasser, s'appuie sur une méthodologie rigoureuse pour définir, en début de mission avec son client, une stratégie précise qui le conduit à circonscrire précisément ses territoires de recherche.

Pour un grand nombre de missions, compte tenu de leur complexité (nouveaux métiers, métiers sous tension, contenu de fonction atypique…), un chasseur de têtes se doit d'être créatif pour identifier des territoires de recherche pertinents tout en sortant des sentiers battus. Ainsi, un chasseur de têtes pourra être amené à présenter à son client des candidats issus de secteurs différents, mais présentant certaines similitudes avec celui de son client, ou exerçant des fonctions différentes que celles recherchées, mais, dans tous les cas, dotés du bon parcours leur permettant de réussir dans la fonction proposée.

Pour marquer le point et conquérir le bon job en parfaite adéquation avec votre projet, adoptez exactement le même état d'esprit qu'un chasseur de têtes.

Adopter la méthodologie d'un chasseur de têtes va vous amener à appréhender vos futures fonctions au travers d'un prisme à 360 degrés. Vous allez ainsi être conduit à analyser votre métier et les différentes manières dont vous pourriez l'exercer, mais aussi les business models dans lesquels se sont déroulées vos expériences.

Pour appréhender votre métier et vos fonctions sous différents angles, il peut être utile de vous poser ces cinq types de questions.

Quels sont les intitulés de la fonction du poste que je recherche ?

Les titres de fonctions varient d'une entreprise à une autre et d'un secteur à l'autre alors qu'ils représentent souvent les mêmes réalités métier. Aussi, pour être certain de ne pas passer à côté d'une opportunité pertinente, il vous faut recenser l'ensemble des intitulés possibles de la fonction que vous recherchez.

Ainsi, si vous êtes ingénieur commercial dans une entreprise donnée, vous pourriez exercer le même métier dans une entreprise différente ou dans un autre secteur avec le titre de chef de marché ou de commercial grands comptes.

De même, si vous recherchez un poste de directeur général ou de CEO, il peut être utile de considérer des postes de managing director, de vice-président, de directeur de business unit ou de country manager ou encore de general manager et vice versa et même dans certains cas de global sales director.

Dans votre réflexion, prenez aussi en compte les tendances et évolutions de fond des entreprises, mais également les évolutions de terminologies. Ainsi, un responsable RSE (responsabilité sociale de l'entreprise), selon l'axe principal de sa mission, pourra avoir le titre de « chef de projets développement durable » ou de « chef de projets affaires publiques » ou encore de « responsable de la diversité » ou même de « chargé de mission projets verts ».

■ Quelles sont les évolutions au sein de ma fonction ou de ma filière ?

Pour certains métiers, il existe des évolutions logiques ou parcours types.

Ainsi, assez classiquement, après trois ou quatre ans, un auditeur en cabinet d'audit évolue sur des fonctions de manager d'équipe en interne ou rejoint une entreprise sur des fonctions de responsable d'équipe d'audit interne ou de contrôle de gestion.

Dans le domaine du marketing et de la communication, l'évolution type d'un consultant en cabinet de conseil ou d'un chef de publicité en agence est d'intégrer les équipes de l'annonceur ou de l'entreprise.

De même, il n'est pas rare qu'un ingénieur avant-vente chez un constructeur informatique ou chez un éditeur de logiciels rejoigne sur des fonctions de chef de projet l'utilisateur final.

Identifier les différents parcours types dans votre métier vous permettra de nourrir votre réflexion et d'orienter votre stratégie de recherche sur des cibles pertinentes.

■ Quels sont les différents métiers qui me permettent de valoriser mon parcours ?

Lorsque vous vous posez cette question, il peut être pertinent d'envisager l'écosystème de votre fonction et vous interroger s'il n'existerait pas par exemple chez vos clients ou fournisseurs un métier qui vous permettrait de valoriser vos compétences.

L'exemple de...

Dominique, commercial devenu acheteur

Dominique, après des études d'ingénieur, a rejoint un constructeur informatique de renom d'abord sur des fonctions d'ingénieur avant-vente pour ensuite évoluer vers une fonction commerciale qui l'amène à prospecter et à négocier avec de grands comptes. Après cinq années, il commence à ressentir une certaine lassitude et supporte de moins en moins bien la pression des fins de trimestre.

Souhaitant quitter le domaine de la vente et garder une fonction avec une part de négociation tout en continuant à évoluer dans un secteur technologique, il rejoint la direction Achats d'un de ses clients pour prendre en charge la famille d'achat informatique. Après quelques mois, il lui est confié l'encadrement d'une petite équipe.

▪ Quels sont les autres secteurs me permettant de valoriser mes compétences techniques spécifiques?

Il n'est pas rare que certains ingénieurs spécialistes d'une technologie pointue se sentent «piégés» au sein d'un secteur, car le quitter équivaudrait pour eux à perdre leur capital professionnel acquis depuis de nombreuses années.

C'est effectivement une vraie difficulté, mais qui n'est pas toujours incontournable.

L'exemple de...

Victorien, expert technique sachant capitaliser sur ses expertises

Victorien est depuis plusieurs années responsable du bureau d'études d'une société de petit électroménager. Dans cette fonction, il a développé des expertises pointues en plasturgie et électronique. Souhaitant rester dans le domaine technique, mais aspirant à se confronter à de nouvelles problématiques et être notamment davantage en relation avec les équipes développement, il entame une recherche d'emploi qui le conduit à s'apercevoir qu'il lui sera difficile de valoriser dans de nouvelles fonctions à la fois ses compétences en plasturgie et électronique.

Ayant fait ce constat, il focalise sa réflexion sur la recherche d'un secteur associant dans ses produits des composants plastiques et électroniques et identifie le secteur du jouet électronique. Il développe sa démarche réseau sur ce secteur et intègre quelques mois plus tard un constructeur de jouets asiatique pour monter un bureau d'études chargé de localiser des jouets robots sur les marchés européens en liaison avec les équipes marketing développement asiatiques.

Ces types de mouvement sont plus rares, mais pas impossibles. Ils impliquent en revanche souvent une réelle réflexion de fond.

▪ Quels sont les secteurs qui fonctionnent avec les mêmes drivers des business models dans lesquels j'ai évolué?

Ainsi, la candidature d'un contrôleur de gestion dans l'univers de la grande distribution confronté dans son quotidien à des problématiques de marges et de rentabilité financière très serrées sera considérée très favorablement par la branche Médicaments génériques d'un laboratoire pharmaceutique.

De même un responsable des opérations d'un call center habitué à gérer du personnel souvent peu qualifié et assez volatile sera tout à fait éligible sur un poste de responsable d'agence de services à la personne.

Identifier ainsi les caractéristiques propres du business model de votre secteur d'activité va vous permettre de cerner certaines de vos spécificités et savoir-faire qui constitueront de réels atouts dans votre recherche d'emploi.

Ne négligez pas ce travail, il est souvent extrêmement productif car il vous pousse à mettre au jour des éléments qui font partie de votre quotidien professionnel et que souvent vous avez totalement intégrés et de ce fait que vous considérez comme banals et donc ne méritant pas d'être valorisés dans d'autres univers.

Sachez que ce sont souvent eux qui vous permettront de faire la différence tout au long des différentes étapes d'un processus de recrutement. Identifiez-les donc dès votre ciblage, cela vous permettra d'identifier des cibles extrêmement intéressantes et porteuses pour vous.

Décliner ces analyses en secteurs et sociétés cibles

Une fois que vous avez identifié vos secteurs cibles, il vous est souvent facile de repérer les principales entreprises opérant sur ces secteurs.

Afin d'avoir une vision exhaustive de votre marché, mais aussi pour démultiplier vos cibles, vous devez également investiguer les acteurs de second plan moins connus du grand public. Pour cela, menez des recherches sectorielles sur Internet, n'hésitez pas aussi à aller consulter les profils LinkedIn des titulaires des fonctions dans les entreprises que vous avez déjà identifiées comme cibles et à repérer les entreprises dans lesquelles ces derniers ont travaillé auparavant.

Appuyez-vous également sur votre réseau pour élargir votre connaissance des acteurs d'un secteur.

Plus vous aurez listé de sociétés et de fonctions cibles, mieux vous serez équipé pour mener à bien votre recherche.

▓ Identifiez les interlocuteurs clés

Au sein de vos sociétés cibles, identifiez les interlocuteurs clés et développez votre stratégie réseau. Comprendre l'organigramme d'une de vos sociétés cibles est un travail qui peut vous prendre un peu de temps, mais qui s'avère toujours très utile. Par ailleurs, il peut être judicieux, dans un premier temps, de ne pas chercher à rencontrer les interlocuteurs clés, mais de collecter des informations auprès d'interlocuteurs de second niveau.

▣ Structurez vos résultats au sein d'une base de données

Pour pouvoir suivre avec précision l'avancement de vos recherches, créez-vous une base de données type Excel. C'est en mettant à jour cette base de données en fonction de votre actualité que vous pourrez structurer votre activité au quotidien et faire des bilans réguliers de vos recherches qui vous conduiront à accentuer vos efforts dans certaines directions ou à réorienter vos recherches.

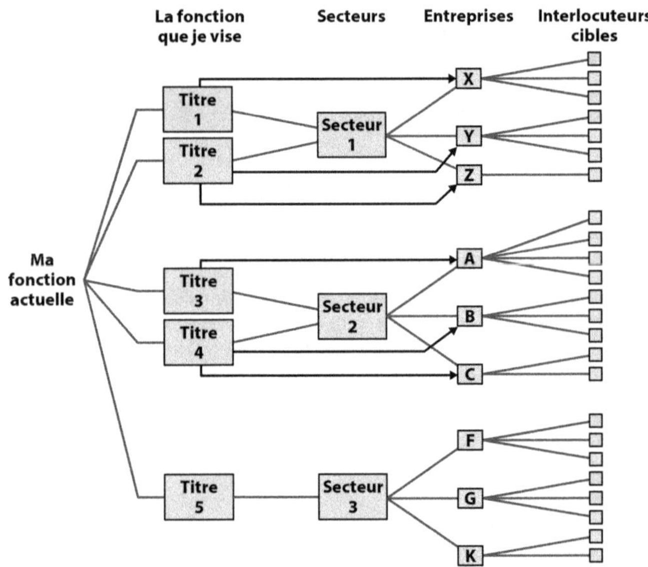

Schéma fonction/entreprise/secteur

Exercice 42 – Je réalise un ciblage pertinent

1. Recensez l'ensemble des titres pouvant correspondre à la fonction que vous visez.

2. Intéressez-vous au parcours des titulaires des fonctions que vous recherchez, demandez-vous si certaines de leurs expériences (secteurs, entreprises) ne constituent pas des cibles pertinentes pour votre recherche.

3. Déterminez les compétences que vous souhaitez valoriser dans votre prochain poste.

4. Identifiez, dans votre écosystème, les entreprises susceptibles d'être intéressées par ces compétences : entreprises concurrentes, entreprises clientes, entreprises partenaires, start-ups et nouveaux entrants sur les marchés, entreprises opérant sur des marchés connexes...

5. Recherchez les entreprises de secteurs différents mobilisant des compétences analogues aux vôtres.

6. Analysez les business models des entreprises dans lesquelles vous avez évolué pour retenir leurs caractéristiques et interrogez-vous sur les secteurs fonctionnant sur les mêmes drivers.

7. Déclinez les résultats de votre travail en noms d'entreprises et de contacts potentiels afin de pouvoir activer votre démarche réseau.

8. Organisez l'ensemble de ces informations au sein d'une base de données.

Conduire une recherche à l'international

Choisir de s'expatrier et de travailler dans un autre pays est un choix partagé par près de deux millions de Français en 2016 selon la Chambre de commerce et de l'industrie de Paris. Chaque année, cette population s'accroît de 3 à 4 %. Si c'est votre choix, n'oubliez pas que le monde est grand et que vous devez donc porter vos efforts sur les bonnes cibles et bien évidemment avoir bien envisagé les implications personnelles de ces types de postes.

▦ Ne rêvez plus aux contrats d'expatriation mirobolants

L'âge d'or des contrats d'expatriation mirobolants est terminé. Les entreprises, dans le cadre de recrutements pilotés en central, proposent dans la majorité des cas des contrats « locaux enrichis » intégrant généralement une prise en charge du logement et un défraiement des frais de scolarité des enfants.

Certains grands groupes, soucieux d'harmoniser les rémunérations des personnels évoluant à l'international et celles de leurs collègues en central et afin de fluidifier la mobilité, ont également mis en place des systèmes de rémunération à base de primes modulables prenant en compte le coût de la vie des pays et les écarts éventuels en matière de protection sociale et de prévoyance.

Toujours selon la même étude, 67 % des Français travaillant à l'étranger exerçaient leurs activités dans le cadre de contrats locaux.

▦ Pourquoi partir ?

Une expérience à l'international constitue, dans la plupart des cas, une accélération de carrière si le retour en France est bien géré.

Une expérience réussie à l'international est souvent l'occasion de démontrer vos capacités d'adaptation, mais surtout vos aptitudes à gérer des problématiques pas toujours totalement balisées avec un niveau d'autonomie plus large que si vous étiez au siège.

Dans cet esprit, les grandes entreprises proposent, après un premier parcours en central, à certains de leurs jeunes cadres identifiés comme « hauts potentiels » des expériences à l'international. L'objectif de ces parcours est que ces hauts potentiels acquièrent une expérience terrain et gagnent en crédibilité et qu'ils puissent rebondir sur des postes à plus hautes responsabilités à leur retour en France.

D'une manière générale, les jeunes diplômés sont de plus en plus nombreux à être tentés par des débuts de carrière à l'international qui offrent généralement plus de responsabilités et des salaires sensiblement supérieurs à ceux proposés en France. Selon une étude de la Conférence des grandes écoles, plus d'un quart des jeunes diplômés en management entament aujourd'hui leur vie professionnelle à l'étranger.

Méfiez-vous pourtant des carrières exclusivement à l'international. Afin de rester connecté au centre de décision et entretenir votre réseau en central, l'idéal est d'alterner des expériences en central et à l'international.

▦ Où partir ?

L'Europe reste la destination favorite des Français

Si le Brexit tend à freiner les installations au Royaume-Uni, l'Europe accueille pour autant plus d'un Français sur deux évoluant à l'international. L'Allemagne, la Suisse et le Luxembourg sont incontestablement les marchés les plus actifs. L'Allemagne est incontestablement une cible de choix compte tenu de sa pyramide des âges et de la qualité des postes proposés. Si vous parlez allemand, vous disposez d'un atout significatif, mais si vous postulez au sein d'un groupe international, un excellent niveau en anglais peut se révéler suffisant.

Le rêve nord-américain, une réalité contrastée

Le Canada est une destination assez porteuse compte tenu de la fluidité de son marché du travail et d'une demande assez forte de profils diplômés et expérimentés. Cela s'accompagne de certaines facilités pour obtenir un visa. Enfin, le bilinguisme du Québec constitue un avantage non négligeable pour des candidats francophones.

Travailler aux États-Unis et surtout obtenir un visa est en revanche très compliqué si vous ne bénéficiez pas dès le départ du soutien d'une entreprise. La complexité des démarches rend les entreprises d'ailleurs assez frileuses, ces dernières ne mobilisant leurs énergies que pour des profils spécifiques, rares et parfaitement adaptés à leurs besoins.

L'Afrique, un marché à considérer

L'émergence d'une classe moyenne en Afrique a favorisé le développement rapide de secteurs tels que la finance, les assurances, la grande consommation, les télécoms. Dans ce contexte, les entreprises doivent faire face à une pénurie locale de compétences techniques et managériales. De plus, les candidats français disposent d'un avantage réel en raison de l'importance de la langue française sur le continent africain.

Le Moyen-Orient en recul

Après avoir été particulièrement dynamique ces dix dernières années, le marché des cadres expatriés tend à se contracter dans cette région sous l'effet conjugué des salaires particulièrement élevés liés au coût de la vie, à une économie subissant les conséquences de la stagnation des prix du pétrole et à des politiques visant à mettre en place des formes de préférence nationale. À noter que les Émirats arabes unis sont considérés comme les plus progressistes de la zone et attirent le plus d'Occidentaux.

L'Asie, une forte demande de cadres dirigeants

Grâce à l'augmentation du niveau de vie et à des politiques volontaristes dans le domaine de l'éducation, les nouvelles générations sont mieux formées. De ce fait, la demande de compétences étrangères est moins forte depuis quelques années. En revanche, ce sont surtout des cadres dirigeants capables de piloter des business ou des unités de production qui sont recherchés mais disposant pour la plupart d'une expérience à l'international et très souvent déjà localisés à l'étranger.

L'Amérique latine, un marché atone

Ce marché est peu actif et très dépendant des perspectives économiques fragiles de la zone, les deux principales économies de la région, le Brésil et le Venezuela, sont à l'heure actuelle encore en convalescence.

■ L'international : un marché à la fois ouvert et rigide

Au premier abord, il est possible de croire que le marché des talents à l'international est plus ouvert que le marché français. Vous pouvez en effet penser que les recruteurs étrangers sont plus sensibles à des profils atypiques que des recruteurs français encore très attachés aux diplômes et à des parcours construits et structurés. Dans les faits, ce marché fonctionne de manière totalement différente si vous postulez en local ou au sein de grands groupes.

Les rigidités de ce marché : le sésame d'une première expérience à l'international

Si vous ne disposez pas d'une première expérience à l'international, dans bien des cas votre candidature ne sera pas retenue, que vous postuliez en interne ou en externe au sein d'un groupe international.

Les recruteurs et les entreprises sont en effet rétifs aux risques et ont du mal à considérer un candidat ne pouvant se prévaloir d'une première expérience à l'international, synonyme de bonnes capacités d'adaptation à une culture et un environnement différents.

En revanche, si vous disposez de compétences très pointues et rares pour la fonction recherchée ou d'une excellente maîtrise de la langue locale en complément d'un anglais professionnel, votre candidature sera étudiée avec davantage d'attention.

D'une manière générale, vous seront plus facilement confiées dans un premier temps des fonctions avec une forte orientation à l'international vous conduisant à interagir avec différents interlocuteurs basés à l'international qu'un poste basé à l'étranger, si vous n'avez pas déjà une première expérience d'expatrié.

En local, un marché beaucoup plus ouvert

En revanche, si vous postulez directement localement, votre candidature sera accueillie avec plus d'intérêt si vous disposez de cette première expérience. Le recruteur sera sensible aux raisons qui vous conduisent à le contacter et à votre connaissance des réalités locales.

■ Comment postuler ?

Selon votre niveau d'expérience, votre démarche sera différente, mais dans tous les cas vous allez devoir vous appuyer sur votre réseau. Sachez qu'il est souvent plus facile d'activer une stratégie réseau à l'international, vos cibles étant plus réceptives à votre démarche.

Vous êtes jeune diplômé ou en début de carrière

Les stages

Lorsque votre cursus vous offre une première immersion à l'international dans le cadre d'un échange avec une université partenaire étrangère, profitez-en pour la prolonger par un stage dans une entreprise locale qui attestera pleinement de vos capacités à évoluer à l'international.

D'une manière générale, essayez de privilégier l'international dans vos recherches de stages, vous serez parfois surpris de la plus grande souplesse de vos interlocuteurs en termes de durée de stages et de dates.

Les VIE (volontariats internationaux en entreprise)

Le dispositif des VIE permet aux entreprises françaises de recruter un jeune diplômé ou demandeur d'emploi, ressortissant de l'Union européenne entre 18 et 28 ans pour une mission professionnelle à l'étranger sur une période modulable de six à vingt-quatre mois renouvelables une fois. Ces missions donnent lieu à la signature d'une convention et vous permettent de bénéficier d'une indemnité mensuelle comprise entre 1300 et 3 900 euros par mois en fonction du coût de la vie du pays et de la prise en charge de vos frais de voyage.

Consultez le site www.civiweb.com qui centralise toutes les offres. En tant que jeune volontaire international, vous effectuerez un emploi d'ordre scientifique, commercial ou technique. Les missions proposées par les entreprises sont extrêmement variées : études de marché, prospection, renforcement d'équipes locales, accompagnement d'un contrat, d'un chantier, participation à la création d'une structure locale, animation d'un réseau de distribution, support technique d'un agent...

Il est également tout à fait possible de démarcher une entreprise directement. N'hésitez surtout pas à contacter des PME se développant à l'international, elles représentent aujourd'hui deux tiers des entreprises recruteuses de VIE. Lorsque vous serez amené à leur exposer le dispositif, ayez à l'esprit qu'elles peuvent bénéficier de l'exonération de vos charges sociales. Pour monter le dossier, il vous suffira alors de vous adresser à Ubifrance, qui lui délivrera un agrément.

Le volontariat international en entreprise est un véritable tremplin pour un premier emploi, puisque 70 % des volontaires se voient proposer un poste dans l'entreprise d'accueil en fin de mission.

Les PVT (permis vacances Travail)

Ces programmes s'adressent à de jeunes Français âgés de 17 à 35 ans (selon les destinations) résidant en France et désireux de découvrir une nouvelle culture tout en ayant la possibilité de travailler. Les conditions d'éligibilité ne sont guère restrictives. Il peut cependant vous être demandé une preuve de fonds financiers avant votre départ pour certaines destinations.

Ces programmes s'inscrivent dans le cadre d'accords bilatéraux signés avec différents pays et sont soumis pour certains à des quotas. Il est donc conseillé de vous y prendre à l'avance et de bien noter les dates d'ouverture des programmes. Pour information, le site du Canada est depuis plusieurs années saturé de candidatures en quelques jours.

Argentine : 700 places	Japon : 1500 places
Australie : illimité	Mexique : non spécifié
Canada : 6 400 places	Nouvelle-Zélande : illimité
Chili : 200 places	Singapour : 2 000 places
Colombie : 300 places	Taïwan : 500 places
Corée du Sud : 2 000 places	Uruguay : 150 places
Hong Kong : 500 places	

Établissez un ciblage précis et actionnez votre réseau

En fonction du pays ou de la zone que vous envisagez, procédez à un ciblage précis d'entreprises françaises travaillant avec la zone et des entreprises locales travaillant avec la France. Afin d'avoir une connaissance claire du tissu économique du pays, appuyez-vous sur les chambres de commerce locales et éventuellement sur le poste d'expansion économique des ambassades qui pourront vous fournir des informations souvent utiles pour vos recherches, mais aussi parfois vous mettre en contact avec des acteurs économiques clés sur la zone.

Activez votre réseau sur les cibles que vous aurez identifiées. Pensez notamment à solliciter les anciens de votre école établis localement, vous serez toujours surpris par leur accueil beaucoup plus amical que celui que vous connaissez en France. Enfin, n'hésitez pas à vous rendre sur place pour des voyages exploratoires que vous aurez soigneusement préparés.

Lorsque vous allez interagir avec des locaux et que vous connaissez la langue, astreignez-vous à communiquer dans cette langue, même si votre interlocuteur parle anglais.

Vous disposez d'expériences à l'international et d'un beau parcours

Les recrutements à l'international, lorsqu'ils sont ouverts en externe, sont souvent confiés à des chasseurs de têtes. Ce sont souvent des postes à enjeux forts pour lesquels l'entreprise souhaite s'adjoindre une personnalité disposant d'un portefeuille de compétences précis. Une expérience à l'international préalable est quasiment toujours obligatoire, mais elle peut être demandée dans un pays particulier ou plus globalement sur un certain type de marché (marchés émergents, marchés matures…).

Pour être sûr de ne pas passer à côté d'une opportunité, contactez en priorité les chasseurs de têtes opérant à l'international. Les principaux positionnés sur des fonctions de top executives sont :

- Egon Zehnder ;
- Heidrick and Struggles ;
- Korn Ferry ;
- Russel Reynolds ;
- Spencer Stuart.

Pour vous aider à passer à la phase opérationnelle de vos démarches, vous trouverez en annexes *(p. 175)* des éléments complémentaires pour vous accompagner dans la rédaction de votre CV.

Chapitre 5
S'ARMER POUR FAIRE LA DIFFÉRENCE OU AFFÛTER SES OUTILS DE COMMUNICATION

Pour aller vous confronter aux réalités du marché de l'emploi, vous vous devez d'être bien armé.

Être bien armé, c'est avoir *a minima* un CV efficace et une trame de lettre de motivation qui vous permettent de franchir les premières étapes d'un processus de recrutement. Prenez donc un peu de temps pour bien affûter vos outils. Soyez également exigeant avec vous-même comme l'est un directeur marketing vis-à-vis de son agence de publicité.

Votre CV : votre identité professionnelle

Rechercher un emploi est un exercice dans lequel le facteur chance existe et c'est en avançant avec méthode que vous avez le plus de chances de créer votre chance. S'il y a un élément que vous maîtrisez pleinement et sur lequel vous pouvez agir directement, c'est votre CV. Pour autant, votre CV vous sert avant tout à décrocher un entretien et non un emploi et il n'est qu'une étape d'un processus long.

■ Privilégiez le « pull » au « push »

Votre CV doit donner envie au recruteur d'aller plus loin dans sa lecture, et ce d'autant plus que, dans bien des cas, vous vous situez dans le cadre d'une démarche « push » (réponse à une annonce, mailing chasseur, candidatures spontanées).

En marketing, une stratégie « push » est celle où le message publicitaire « est poussé » sur le marché. À l'inverse, une démarche « pull » tire le consommateur vers le produit et amène souvent le consommateur ciblé à se renseigner de lui-même sur son besoin.

Dans le cadre d'une recherche d'emploi, une démarche «pull» s'apparente à l'approche ciblée réseau tandis qu'une stratégie «push» à celle d'une réponse à une annonce ou une candidature spontanée. Si vous vous situez dans ce cas de figure («push») où vous n'avez eu aucun contact préalable avec votre lecteur, qui de son côté n'a aucune attente particulière vis-à-vis de votre candidature qu'il traite comme toutes celles qu'il reçoit, il vous est donc impératif de capter son attention.

■ Captez l'attention de votre lecteur

Si vous êtes en «push», votre CV doit permettre à votre recruteur de capter en quelques secondes les éléments forts de votre candidature.

Mettez-vous à la place de la personne en charge du tri des candidatures qui en reçoit bien souvent plus d'une centaine pour un poste. Sachez qu'en moyenne un recruteur, lorsqu'il effectue cette première lecture, consacre maximum une minute par CV, voire souvent pas plus de quinze secondes. Son objectif est d'éliminer pour ne retenir que les CV se rapprochant le plus du profil recherché. Il est donc important pour vous d'utiliser des mots-clés et d'adopter une présentation claire qui facilite la lecture.

Une première lecture bien souvent à l'écran

Par ailleurs, ayez à l'esprit que, dans bien des cas, vous enverrez votre CV par mail et qu'il sera à ce stade du process lu à l'écran et non imprimé. Aussi, ne reléguez pas en bas de page vos atouts et astreignez-vous à concentrer votre CV sur une page. Certaines études ont montré que l'œil d'un recruteur faisait le chemin d'un F soit un balayage de droite à gauche de la zone supérieure du CV pour ensuite se concentrer sur la partie gauche du CV et avoir une lecture horizontale en son milieu.

Mettez-vous à la place de votre recruteur

Lorsque j'anime des séminaires de préparation aux entretiens de recrutement, je mets les participants en situation de recruteur en demandant à chacun d'entre eux d'étudier en dix minutes maximum les CV des neuf autres participants, soit une lecture par CV devant à peine excéder la minute. Cet exercice est toujours riche d'enseignements ; à son issue, il n'est pas rare de voir les participants modifier leur CV pour souvent les synthétiser davantage afin d'accroître leur lisibilité.

Qui sont vos lecteurs ?

Votre CV peut être lu par trois types de personnes :

- un RH ;
- un chasseur de têtes ou un associé de recherche ;
- un opérationnel (potentiellement votre futur N+1 ou N+2) ou un des dirigeants de l'entreprise.

Des niveaux de lecture différents

Le RH qui reçoit le premier la candidature va valider des points basiques, comme votre formation, les types de postes et d'entreprises dans lesquels s'est déroulé votre parcours, votre niveau en langue, votre mobilité géographique le cas échéant... Son rôle est de faire un premier tri avant de transmettre la candidature à l'opérationnel. N'étant pas un professionnel de la fonction qu'il cherche à pourvoir, il recherche des mots-clés qui en quelque sorte lui garantissent l'adéquation de vos compétences avec la fonction proposée.

Le chasseur de têtes fonctionne quasiment de la même manière que le RH avec, dans la plupart des cas, des exigences accrues en termes d'expérience, de formation et de compétences. En revanche, disposant de bases de données, un cabinet de chasseurs de têtes peut faire le choix de conserver votre CV pour une mission à venir. Pour cela, votre CV doit permettre de vous situer par rapport à un type et à un niveau de fonction. Une fois votre CV incorporé à la base de données, pour que votre candidature puisse être étudiée lors d'une mission à venir, il faudra, d'une part, que votre CV apparaisse dans la requête qu'effectuera l'associé de recherche à partir de mots-clés et qu'ensuite, à sa lecture, il soit sélectionné parmi la centaine de CV générée par la requête.

L'opérationnel va chercher à retrouver dans vos différentes expériences le maximum de proximité ou des analogies avec la fonction proposée qu'il connaît bien car c'est souvent la sienne ou cela a été la sienne.

Les ATS, les lecteurs du troisième type

Les ATS, qui sont-ils ?

Un bon nombre de grandes entreprises et certains cabinets de recrutement utilisent aujourd'hui des ATS (ou « Applicant tracking systems ») pour automatiser différentes étapes d'un processus de recrutement, que cela soit la publication d'annonces sur des sites, la réception des CV, leur sélection en fonction de critères précis, la réponse aux candidats, la gestion de vivier de candidats en interne.

Apparus au début des années 2000, ces robots font partie intégrante aujourd'hui du fonctionnement des services de recrutement des grosses entreprises. Avec l'avènement du digital, ces dernières reçoivent de plus en plus de candidatures par différents canaux et ont besoin de s'appuyer sur des outils de pointe pour faire circuler, archiver, traiter les données et également sélectionner les CV. Un ATS permet notamment, par une fonction «matching», de rechercher des candidats potentiels en adéquation avec une description de poste.

La gestion de volumes de candidatures particulièrement importants conduit les grandes entreprises comme Google à utiliser quasi systématiquement des ATS pour le filtrage des candidatures en premier niveau. (À noter que Google a reçu en une semaine, en 2011, 75 000 CV pour 6 000 postes à pourvoir à son siège de la Silicon Valley.)

Selon une étude de l'Apec, en France 68 % des entreprises de plus de 5 000 salariés disposent aujourd'hui d'ATS. Mais disposer d'un ATS ne signifie pas que ces entreprises utilisent cet outil systématiquement.

Bon nombre de recruteurs sont conscients des limites de ces systèmes et en fonction des postes choisissent de recourir ou de ne pas recourir à ce type d'outils. D'une manière générale, les ATS sont le plus souvent employés pour des recrutements de masse ou des fonctions génériques. De ce fait, si vous êtes un jeune diplômé, sachez que bien souvent votre CV sera lu en première lecture par un ATS.

Comprendre le fonctionnement des ATS

Au départ, rien ne vous indique que vous postulez par le biais d'un ATS et que votre dossier de candidature va être analysé par un logiciel qui va screener votre CV en fonction de mots-clés.

Les ATS sont en effet paramétrés par les recruteurs pour filtrer les CV à partir de mots-clés, souvent des compétences, mais également pour recouper les dates et calculer la durée de vos expériences ou votre âge. Toutes les données annexes (les loisirs, la personnalité, la culture d'entreprise) sont en revanche souvent laissées de côté.

Il vous faut donc écrire votre CV pour être lu par des machines... tout en ne perdant pas de vue cependant qu'un recruteur, bien humain lui, lira votre CV une fois le filtre ATS passé. Il faut donc écrire pour les deux !

Gagnez contre l'algorithme avec des mots-clés bien choisis

Pour postuler efficacement et passer ce premier filtre, il faut veiller à ce que les compétences du CV correspondent aux mots-clés identifiés dans l'annonce. Ainsi pour un poste de responsable web marketing, mentionner les mots-clés « traffic management », « affiliation », « e-commerce » peut se révéler pertinent. De même que peuvent l'être « normes IFRS » ou « US GAAP » pour un poste d'auditeur financier à l'international.

Dans cette optique, identifiez les mots-clés essentiels à reprendre lors de la traduction de votre CV, si vous ciblez un poste à l'étranger.

Veillez, cependant, à ne pas transformer votre CV en une liste infinie de compétences, il pourra certes passer le filtrage de l'ATS, mais le recruteur, lui, pourra penser que vous faites de la surenchère et ne pas vous sélectionner pour la suite du processus. Si vous souhaitez ruser avec les ATS, il vous est possible d'inscrire en police blanche sur fond blanc des mots-clés. De cette manière, ils seront repérés par le système informatique et resteront invisibles à l'œil nu pour les recruteurs !

Évitez les formats de CV trop exotiques et difficilement lisibles par les ATS

Même s'ils y parviennent de mieux en mieux, les algorithmes peinent à traiter et décrypter les formats trop exotiques. Plutôt que le « jpeg », privilégiez le format Word converti en PDF.

De même, il est également préférable de limiter les fonds colorés et, de manière générale, de multiples couleurs qui peuvent brouiller le scan de votre CV par les robots.

Enfin, il est également vivement recommandé de candidater directement depuis un poste fixe car la gestion des interfaces mobiles (tablettes et smartphones) intègre moins de champs et de sections.

Les ATS, des alliés pour contourner les standards classiques du recrutement ?

S'il peut être désagréable d'envoyer son CV à un robot, ces systèmes, parce qu'ils sont fondés sur l'analyse des compétences clés et non sur l'analyse classique d'un CV chronologique, peuvent se révéler un allié pour des profils atypiques ayant eu des parcours peu linéaires.

Les règles d'or d'un CV efficace

Rédiger votre CV est toujours délicat : vous devez à la fois vous singulariser, mais aussi répondre à des attendus et exigences d'un exercice imposé devant obéir à certaines règles.

Ces règles visent à faciliter le travail de vos recruteurs qui bien souvent survolent en première lecture votre CV.

▪ Un CV concis, mais dense

Un CV efficace doit s'inscrire sur une page et en aucun cas dépasser deux pages. Sachez que le CV sur une page est presque devenu une norme.

Si vous êtes senior et disposez d'un parcours professionnel riche et varié, vous pouvez envisager un CV sur deux pages. Toutefois, faire l'exercice de synthétiser vos expériences sur une page vous permettra de clarifier et mettre au jour votre proposition de valeur. Votre CV sera souvent plus percutant et vous le serez également en entretien.

Être concis, c'est être sélectif et accepter de ne pas tout écrire. Soyez vigilant à cet aspect. Choisir de ne pas détailler une expérience ne veut pas pour autant dire qu'elle n'a pas existé. Vous allez parfois être amené à faire le « deuil » de ce que vous n'écrivez pas et cela peut être compliqué pour les expériences dans lesquelles vous vous êtes particulièrement investi ou qui vous ont apporté beaucoup de plaisir.

L'important, lorsque vous rédigez un CV, est de toujours vous demander en quoi chaque mot renforce la cohérence de votre profil par rapport à la fonction que vous visez. En d'autres termes, vous ne devez pas tout écrire, mais dire uniquement ce qui accroît la légitimité de votre candidature.

Enfin, la capacité à aller à l'essentiel n'est-elle pas une qualité fortement valorisée en entreprise ?

Le style de votre CV dévoile votre personnalité. Rendez-le dynamique par une rédaction soignée en vous attachant à :

- privilégier l'emploi de verbes d'action ou leur équivalent en noms sans pour autant négliger de qualifier vos actions et compétences par des adjectifs appropriés ;

- structurer la présentation de vos expériences autour de six points clés maximum que vous mettrez en valeur avec des puces ou des tirets ;

- utiliser les bons mots-clés ;

- quantifier vos actions et vos résultats ;

- harmoniser votre style d'expression. Si vous avez choisi de décrire une première expérience par des noms (exemple: coordination, lancement, mise en place...) ou par des verbes (exemples: coordonner, lancer, mettre en place...), gardez cette convention pour toutes vos autres expériences.

■ Un CV simple, beau, aéré et donc facile à lire

Avant de capter l'attention de votre recruteur par la qualité de son contenu, c'est-à-dire votre profil, vous devez capter son regard. D'où l'intérêt de soigner sa présentation. Pour cela, le plus simple est de miser sur la sobriété et l'esthétique en:

- utilisant une police sobre et lisible comme Calibri, Verdana ou Arial. Choisissez avant tout une police claire et facile à lire aussi bien à l'écran qu'imprimée. Toujours pour une question de lisibilité, tenez-vous-en à une seule police pour le document entier. De même pour la taille de la police, évitez le 10 et en dessous. Si votre recruteur doit produire trop d'efforts oculaires pour vous lire, cela peut se révéler fatal pour votre candidature. En revanche, pour faire ressortir vos différentes rubriques, vous pouvez opter pour une taille de police plus grosse. Pensez également à utiliser le gras pour mettre en valeur certains éléments dans le corps du texte. D'une manière générale, éviter l'italique qui tend à compliquer la lecture;

- restant sur des éléments graphiques sobres. Vous pouvez utiliser des lignes horizontales ou verticales, des puces ou encore des encadrements ou une trame de fond, mais il faut que cela reste sobre. Il faut que votre CV soit fluide à lire;

- évitant trop de couleur. La couleur est à utiliser avec modération. Lorsque vous choisissez une couleur, assurez-vous de sa lisibilité, mais également de sa cohérence avec le poste que vous visez. Évitez le rose fuchsia si vous postulez pour un poste de conseiller patrimonial au sein d'une banque;

- faisant figurer de préférence dans la partie gauche de votre CV les éléments phares de votre parcours, le regard de votre lecteur ayant plus tendance à se poser sur cette partie;

- utilisant un logiciel classique type Word qui ne posera pas de problème de lecture à l'ouverture de votre mail. En revanche, si vous êtes dans la communication ou le marketing, il est peut-être souhaitable de démontrer votre maîtrise d'InDesign ou de Photoshop qui permettent des mises en page particulièrement travaillées;

- n'oubliant pas de «stabiliser» votre CV en l'enregistrant sous format PDF. Il serait dommage que votre belle présentation soit chahutée à l'ouverture de votre mail.

Pour vous aider dans ce travail de mise en page, il peut vous être utile d'aller surfer sur Internet pour trouver des sources d'inspiration en consultant et en analysant différents CV. Vous vous ferez votre propre opinion et serez en mesure de choisir la mise en page efficace qui conviendra le mieux à votre parcours et à la personne que vous êtes.

Pour information, sachez qu'il existe différents outils d'aide à la mise en page de CV facilement téléchargeables sur Internet. Ces différents outils vous proposeront tout un panel de matrices allant des présentations les plus simples aux présentations les plus sophistiquées et abouties, comme celle utilisée par Marissa Mayer, ex-PDG de Yahoo (visible sur https://enhancv.com/successful-resumes/famous/marissa-mayer.html). Avant d'utiliser ce modèle de CV, ayez bien conscience que le CV de Marissa Mayer est avant tout une mise en avant intelligente d'un logiciel (... et de ses créateurs) qu'un CV efficace pour un poste défini.

■ Un CV sans fautes d'orthographe

Cela peut paraître trivial. Pourtant, les recruteurs, même s'ils ne passent qu'un temps très limité à lire, se plaignent du nombre important de fautes d'orthographe qu'ils rencontrent dans les CV.

Il peut être utile de rappeler que les rubriques « Formation » et « Expérience professionnelle » s'écrivent au singulier même si vous avez plusieurs diplômes et plusieurs expériences professionnelles.

Bien évidemment, une faute d'orthographe s'accompagne toujours d'une appréciation négative sur votre candidature de la part d'un recruteur dont les yeux auront été offensés de la sorte. Soyez donc vigilant, traquez avec méthode la faute d'orthographe !

Ne vous limitez pas à la simple lecture à l'écran, effectuez une relecture papier qui vous permettra de détecter plus aisément d'éventuelles coquilles.

Les rubriques pour construire son CV

Quelle que soit la mise en page que vous avez adoptée, votre CV doit se structurer autour de rubriques dont les principales sont les suivantes.

■ Votre état civil

Votre état civil se compose de vos nom, prénom, numéro de téléphone et de votre adresse e-mail et éventuellement d'une photographie. Vous pouvez également y faire figurer un lien renvoyant sur votre profil LinkedIn (et votre compte Twitter si vous travaillez dans la communication sur des fonctions de journalistes ou d'influenceurs).

Concernant votre adresse e-mail, adoptez une adresse simple et professionnelle construite à partir de votre nom.

Dans cette rubrique, il n'est plus nécessaire de faire figurer votre âge et votre adresse car ces éléments sont réputés sujets à discrimination. En revanche, si votre lieu d'habitation peut constituer un atout pour le poste, n'hésitez pas à le préciser.

Vous pouvez, si vous le souhaitez, y faire figurer une photo. Son format ne doit en aucun cas excéder celui d'une photo d'identité. En revanche, n'utilisez surtout pas la photo sans expression de votre passeport ou de votre carte d'identité. Ne retraitez pas non plus une de vos photos de vacances. Vous devez apparaître sur un fond uni et dans une tenue professionnelle. Sollicitez vos amis pour vous photographier ou au besoin rendez vous chez un photographe professionnel. Sachez que certaines associations d'anciens élèves ont négocié des tarifs préférentiels avec des photographes et que pour un budget de 60 à 80 euros vous pourrez bénéficier d'un jeu de photos de grande qualité. Si vous avez fait le choix de faire figurer une photo sur votre CV, investissez-vous sur cette photo et pensez que vous pourrez la réutiliser sur votre profil LinkedIn car si la photo n'est nullement obligatoire sur un CV, elle l'est devenue sur un profil LinkedIn.

▣ Un titre avec un focus reprenant vos compétences clés

Faire figurer un titre va permettre à votre lecteur de vous situer en un coup d'œil et de comprendre pourquoi vous lui écrivez. Ce titre doit donc à la fois indiquer en une ligne qui vous êtes et ce que vous cherchez en termes de fonction, mais aussi parfois de secteur.

Si vous êtes à la recherche d'un premier emploi ou d'un stage, n'indiquez pas: «Étudiant à la recherche d'un poste», mais simplement l'intitulé de la fonction pour laquelle vous postulez.

Si vous êtes plus expérimenté, n'hésitez pas à vous présenter au travers de ce titre.

Ainsi, si vous êtes contrôleur de gestion, vous pouvez indiquer «Contrôleur de gestion dans des contextes de changement» ou «Contrôleur de gestion international», «Contrôleur de gestion multi-sites», «Contrôleur de gestion de business unit», «Directeur du contrôle de gestion groupe».

En dessous de votre titre, idéalement, indiquez, avec des puces ou dans un encart, trois à cinq de vos compétences phares. Soyez très exigeant avec vous-même dans la rédaction de ces éléments, tant dans leur choix que dans celui de votre vocabulaire – c'est une partie de votre CV que votre lecteur ne manquera pas de regarder. C'est d'ailleurs votre but !

■ Votre formation

Cette rubrique doit être détaillée si vous êtes un jeune diplômé ou un junior. À partir du moment où vous commencez à disposer d'une expérience professionnelle de plus de sept ou huit ans, il n'est plus nécessaire de décrire l'ensemble de votre parcours académique. Contentez-vous de mentionner le dernier diplôme que vous avez obtenu. Si vous sortez d'une école prestigieuse, assurez-vous que votre mise en page la met en valeur.

En tant que jeune diplômé, retracez votre parcours en indiquant vos différents cursus du plus récent au plus ancien. Il est cependant inutile de faire apparaître un master 1 si vous avez obtenu un master 2 de la même spécialité que votre master 1 et de surcroît dans la même université.

Si vous avez effectué au cours de votre scolarité un semestre ou une année d'études à l'étranger, il peut être plus judicieux de faire figurer cette information dans la rubrique « Langues », cette expérience venant appuyer votre niveau de maîtrise de la langue.

■ Votre expérience professionnelle

Articulez votre présentation autour des éléments suivants :

Le nom des entreprises dans lesquelles vous avez travaillé

Qualifiez en quelques mots leur taille et leurs activités pour permettre à votre lecteur de la situer. Si l'entreprise dans laquelle vous avez travaillé a été absorbée par une autre entreprise et que son ancienne raison sociale a disparu, vous pouvez alors faire figurer le nom de la nouvelle entreprise. Cela facilitera le travail de votre lecteur.

Le poste que vous avez occupé avec des dates

Une présentation détaillée et synthétique de vos principales missions en cherchant à mettre l'accent sur les résultats que vous avez obtenus et sur le comment vous avez opéré.

Il peut être également judicieux parfois de donner quelques éléments du contexte dans lequel s'est déroulée cette expérience afin de mieux faire comprendre à votre lecteur les enjeux auxquels vous avez été confronté.

L'idéal est de développer davantage les expériences les plus récentes ou celles qui sont plus en rapport avec le poste que vous visez.

Privilégiez une présentation antéchronologique qui vous conduira à mentionner en haut de votre CV vos expériences les plus récentes.

■ Compétences informatiques et langues

Cette rubrique concerne plutôt les CV de jeunes diplômés, de juniors ou des métiers requérant des spécificités techniques et informatiques particulières.

En ce qui concerne vos compétences informatiques, à un certain niveau de fonction, considérez comme acquise la maîtrise des logiciels de base type Pack Office. Toutefois, si vous travaillez dans la communication, il peut être souhaitable d'indiquer votre maîtrise de Photoshop ou d'InDesign. De même si vous travaillez dans l'informatique, préciser des éléments sur votre niveau de programmation ou votre maîtrise de certains logiciels très techniques peut être utile.

Pour les langues, indiquez votre niveau et idéalement un score obtenu à un test reconnu comme le TOEFL, le TOEIC, l'IELTS pour l'anglais ou le TestDaF pour l'allemand.

Si vous disposez d'une expérience significative à l'international, votre capacité à travailler en anglais apparaîtra dans votre titre, mais aussi dans la manière dont vous présenterez vos expériences professionnelles. Vous risquez alors d'apparaître redondant et, surtout, vous gaspillerez de la place sur votre CV en consacrant une rubrique à votre maîtrise des langues.

■ Les activités extraprofessionnelles ou hobbies

Cette rubrique est destinée à apporter un éclairage sur votre personnalité. Elle est particulièrement appréciée par les recruteurs lorsqu'ils recrutent de jeunes diplômés car cela leur permet de nourrir leurs échanges avec les candidats. En revanche, à partir d'un certain niveau de « séniorité », savoir que vous pratiquez toutes les semaines la natation... pour éviter d'avoir mal au dos après de longues journées de travail n'est pas vraiment utile !

Soyez donc sélectif et souvenez-vous que cette rubrique n'est pas obligatoire.

■ Jouez avec vos rubriques

Ces rubriques ne sont qu'indicatives, vous pouvez, bien évidemment, en fonction de votre parcours et de vos contraintes de mise en page, jouer avec elles. Il peut être judicieux parfois d'agréger la rubrique « Langues et compétences informatiques » à celle de « Formation ». Vous pouvez également utiliser des intitulés de rubrique plus adaptés à votre parcours et à la personne que vous êtes.

▦ Et le CV par compétences ?

Si vous avez plusieurs périodes de chômage ou des « trous » dans votre parcours, un CV thématique mettra moins en évidence ces périodes. Mais ce n'est pas la solution miracle, en entretien un bon recruteur les remarquera assez vite, alors, préparez votre discours !

Savoir rédiger un CV de débutant

Compte tenu de votre âge, il est normal que vous ne disposiez pas d'un portefeuille d'expériences fourni. Aussi, pour faire la différence, bien des jeunes diplômés ont tendance à privilégier la forme au détriment du contenu.

Faire la différence est effectivement fondamental pour ne pas apparaître comme le clone de votre camarade de promotion qui aura peu ou prou fait le même type de stage que vous. Pour cela, appuyez-vous sur vos activités extrascolaires (sports, bénévolat, projets personnels...), mais aussi n'hésitez pas à valoriser vos jobs d'été et autres petits boulots, comme plongeur dans un restaurant, brand ambassador, caissier, hôte d'accueil... Ces expériences prouvent que vous connaissez déjà le monde du travail mais, surtout, que vous êtes débrouillard !

Exercice 43 – Je rédige un CV de débutant

1. Privilégiez le fond sur la forme.

2. Si vous prenez l'option de réaliser un CV original, pour maximiser vos chances, indiquez impérativement un lien d'un profil LinkedIn ou Viadeo où figure votre CV sous un format plus classique.

3. Votre CV (format classique) est un peu maigre : étayez au besoin la rubrique « Formation » en indiquant :

- le sujet de votre mémoire de fin d'études ;
- la majeure dans laquelle vous vous êtes spécialisé ;
- les principaux cours que vous avez suivis.

4. Si votre CV n'est pas très fourni en termes d'expériences :

- utilisez sans honte vos jobs d'étudiant en cherchant à mettre en avant comment ils vous ont sensibilisé et préparé à la fonction que vous visez ;

- développez vos activités extraprofessionnelles, que cela soit:
    - des engagements dans des associations;
    - des expériences en collectivité;
    - une pratique sportive;
    - une pratique ou des intérêts artistiques...

  Utilisez cette rubrique pour indiquer des éléments de votre personnalité qui vous permettent de mettre indirectement en valeur votre enthousiasme, votre capacité à vous investir, votre excellent sens relationnel, votre débrouillardise, votre constance dans l'effort, votre vision collective, votre orientation solution, votre sens commercial, votre rigueur, votre exigence aux détails...

5. Validez que vous avez utilisé les bons mots-clés qui permettront à votre CV de franchir le barrage des ATS et d'être sélectionné sur une requête dans une base de données.

6. Posez-vous les trois questions suivantes:
- Est-ce que mon CV représente qui je suis et ce que j'ai fait?
- Est-ce qu'il y a des éléments que je peux enlever dans mon CV afin qu'il soit plus clair?
- Est-ce qu'il y a des éléments que je dois rajouter dans mon CV afin qu'il soit plus explicite?

7. Travaillez votre mise en page pour obtenir un CV facilement lisible et aéré.

8. Relisez-vous et traquez la faute d'orthographe. Pour cela, procédez impérativement à une impression papier.

9. Stabilisez votre CV en l'enregistrant au format PDF.

En annexe *(p. 177)*, vous trouverez deux exemples de CV de débutant postulant à des fonctions marketing: Benoît Lebeau et Antoine Gagneur. Soyez attentif à la manière dont les stages, les jobs étudiants et les expériences associatives sont traités.

Savoir rédiger un CV de confirmé

Votre principal écueil va être de vouloir tout dire au risque de noyer votre lecteur. Vous devez en effet vous astreindre à synthétiser votre parcours professionnel pour pouvoir mettre en avant ses lignes de force et permettre à votre lecteur de saisir très rapidement votre proposition de valeur.

Pour cela, vous devez revisiter votre parcours professionnel en fonction de vos objectifs professionnels et opérer un « tri sélectif » pour reprendre l'expression d'un de mes clients.

Exercice 44 – Je rédige un CV de confirmé

1. Prenez de la distance avec vos CV précédents. Vous allez devoir revoir complètement l'architecture de votre CV.

2. Compactez la rubrique « Formation » pour ne plus indiquer que votre diplôme de fin d'études.

3. Posez-vous la question de maintenir une rubrique « Compétences informatiques et langues ».

4. Analysez vos différentes expériences professionnelles et interrogez-vous :

- si certaines, au début de votre carrière, n'ont plus de sens – notamment vos jobs étudiant et vos stages ;

- si certaines ne sont pas redondantes et s'il est possible de les globaliser.

5. Essayez de développer davantage dans vos dernières expériences le contexte et les enjeux auxquels vous avez été confrontés tout en vous attachant à mettre plus l'accent sur les dimensions stratégiques qu'opérationnelles de vos fonctions.

6. Essayez, dans la mesure du possible, que votre lecteur perçoive la dynamique interne de votre parcours en faisant apparaître au fil de vos différentes expériences des éléments lui permettant de saisir l'élargissement de vos responsabilités en termes :

- de périmètre de la fonction (taille du marché, taille de l'usine, taille de l'équipe encadrée, budgets gérés, niveau d'interlocuteur, montant des contrats gérés ou négociés...) ;

- de complexité de la fonction (nouveau marché, nouveau procédé, transformation et gestion du changement à mettre en œuvre...) ;

- d'acquisition de nouvelles compétences ;

- de découverte d'une nouvelle activité ou zone géographique...

7. Détaillez davantage votre dernière expérience et de moins en moins les précédentes, sauf si l'une d'entre elles est extrêmement pertinente par rapport à la fonction que vous visez.

8. Imposez-vous impérativement l'exercice de faire tenir votre CV sur une page avant d'opter pour un format sur deux pages.

9. Validez que vous avez utilisé les bons mots-clés qui permettront à votre CV de franchir les barrages des ATS et d'être sélectionné sur une requête dans une base de données.

10. Relisez votre CV et posez-vous les trois questions suivantes :
    - Est-ce que mon CV représente qui je suis et ce que j'ai fait ?
    - Est-ce qu'il y a des éléments que je peux enlever dans mon CV afin qu'il soit plus clair ?
    - Est-ce qu'il y a des éléments que je dois ajouter dans mon CV afin qu'il soit plus explicite ?

11. Travaillez votre mise en page pour obtenir un CV facilement lisible et aéré.

12. Relisez-vous et traquez la faute d'orthographe, pour cela procédez impérativement à une impression papier.

13. Stabilisez votre CV en l'enregistrant au format PDF.

En annexe *(p. 179)*, vous trouverez deux exemples de CV de confirmés : Sophie Mallige et Pascal Precillio. Soyez attentif à l'effort de synthèse qui permet de retracer des parcours de plus de quinze et trente ans d'expérience.

Savoir rédiger un CV de cadre dirigeant

Vous disposez déjà certainement d'un parcours riche vous ayant permis de développer un large spectre de compétences. Votre principale difficulté va être de donner l'image d'un dirigeant pragmatique doté d'une vision stratégique capable de l'insuffler à une organisation. Pour cela, il vous faut revoir complètement votre CV et vous détacher d'une approche centrée sur les compétences.

Exercice 45 – Je rédige un CV de cadre dirigeant

1. Compactez au maximum vos premières expériences.

2. Rédigez avec soin votre focus de compétences clés à faire figurer en dessous du titre de votre CV et validez que ce sont bien celles d'un

dirigeant et que sa lecture permet de comprendre dans quels types de contexte vous vous exprimez le mieux.

3. Développez surtout vos expériences à partir du moment où vous avez intégré le board.

4. Attachez-vous à décrire les contextes de vos fonctions et leurs enjeux.

5. Évitez d'avoir une approche trop centrée sur les compétences métier, vous pourriez apparaître pas assez dans la stratégie. Votre objectif est de démontrer votre capacité à élaborer une stratégie et surtout à la mettre en œuvre avec vos équipes.

6. Choisissez avec soins les chiffres et KPI pour illustrer vos résultats, notamment la responsabilité du P&L, le chiffre d'affaires, la taille des équipes...

7. Assurez-vous que vous avez utilisé les mots-clés associés aux fonctions que vous visez.

8. Si vous appartenez à des associations professionnelles ou à des cercles ou réseaux d'influence, n'oubliez pas de le faire figurer sur votre CV.

9. Astreignez-vous à faire un CV sur une page, vous impacterez davantage et cela vous obligera à vous concentrer sur votre identité de dirigeant.

10. Relisez votre CV et posez-vous les trois questions suivantes :
   - Est-ce que mon CV représente qui je suis et ce que j'ai fait ?
   - Est-ce qu'il y a des éléments que je peux enlever dans mon CV afin qu'il soit plus clair ?
   - Est-ce qu'il y a des éléments que je dois rajouter dans mon CV afin qu'il soit plus explicite ?

11. Validez que vous avez utilisé les bons mots-clés qui permettront à votre CV d'être sélectionné sur une requête dans la base de données d'un chasseur de têtes.

12. Travaillez votre mise en page pour obtenir un CV facilement lisible et aéré.

13. Relisez-vous et traquez la faute d'orthographe. Pour cela, procédez impérativement à une impression papier.

En annexe *(p. 181)*, vous trouverez deux exemples de CV de dirigeants : Laurent Jais et Marie Lionne. Soyez attentif au positionnement dirigeant, notamment dans les dernières expériences où les responsabilités strictement opérationnelles sont très discrètes.

Savoir rédiger un CV en anglais

Un CV en anglais vous sera souvent nécessaire si vous postulez sur des fonctions France avec des interactions avec un siège à l'étranger. Plus qu'un CV anglais ou américain, c'est un CV «international» qui vous est demandé. Aussi, soyez pragmatique et produisez une version en langue anglaise de votre version française. Cette version devrait normalement être aussi tout à fait éligible si vous postulez pour des recrutements pilotés des États-Unis ou du Royaume-Uni. Pour cela, en partant de votre version française que vous avez déjà bien travaillée, rédigez votre CV en anglais en étant vigilant à ne pas faire une traduction mot à mot et en utilisant les bonnes expressions business.

Pour vous aider, reportez-vous à l'annexe *(p. 183)* qui recense le vocabulaire type CV en anglais.

Appuyez-vous également pour chacune de vos rubriques sur les éléments suivants:

▇ La rubrique «État civil»

Il existe aux États-Unis, au Canada et en Grande-Bretagne des lois anti-discriminations qui interdisent de recruter sur un certain nombre de critères. Vous ne devez donc pas spécifier votre âge, votre sexe, votre situation de famille et, surtout, ne pas mettre de photo aux États-Unis.

Si vous disposez d'une double nationalité, d'un permis de travail, il peut être utile de le faire figurer en fonction du pays dans lequel vous postulez.

▇ La rubrique «Formation»

Concernant la rubrique «Formation», les recruteurs anglo-saxons ou étrangers ne connaissant que très rarement le système scolaire français et les intitulés de diplôme, il va donc vous falloir, dans la plupart des cas, mentionner d'abord votre diplôme en français pour ensuite le traduire en vous appuyant sur le nombre d'années après le bac pour l'obtenir. Si vous avez obtenu votre diplôme avec une mention, précisez-le en utilisant la formulation «with honors» ou «with distinctions».

▇ La rubrique «Expérience professionnelle»

Si vous postulez aux États-Unis, ayez à l'esprit qu'un employeur américain sera plus intéressé par vos réalisations que par vos diplômes. Aussi, n'hésitez pas, lorsque vous présentez vos expériences, à détailler avec précision les résultats que vous avez obtenus en mentionnant des indicateurs chiffrés de votre performance.

Au niveau linguistique, utilisez des verbes d'action conjugués au prétérit.

■ La rubrique « Activités extraprofessionnelles »

Le système éducatif anglo-saxon valorise davantage les matières non académiques, comme le sport, la musique, les arts plastiques, notamment au travers de l'attribution de bourses. Aussi, si vous êtes débutant, n'hésitez pas à mettre en valeur l'ensemble de vos talents.

Par ailleurs, les Anglo-Saxons ont une longue tradition de bénévolat et de soutien aux associations caritatives. S'investir dans de telles actions fait partie de l'éducation et est de ce fait toujours bien accueilli.

■ Les références

Absentes dans les CV en France, les références sont beaucoup plus présentes dans l'étude d'un dossier de candidature aux États-Unis, en Angleterre et en Allemagne.

Vous pouvez opter de faire figurer sur votre CV, en bas de page, le nom et les coordonnées de vos références. Choisissez ces personnes avec soin et veillez à ce qu'elles soient facilement joignables. Indiquez aussi quelle relation vous avez eue avec vos « référents » : manager, chef de projet...

Vous pouvez également avoir recours à la formule « references available upon request » ; vous pourrez alors les contacter pour les prévenir de l'appel de votre recruteur.

Pour ne pas être pris au dépourvu, il est également souhaitable que vous puissiez présenter en entretien des lettres de recommandation d'anciens professeurs et employeurs.

■ CV ou *resume* aux États-Unis ?

Aux États-Unis, il vous sera plus souvent demandé un *resume* qu'un CV. Un *resume* est un CV qui impérativement ne doit pas dépasser une page.

En revanche, s'il vous est demandé un CV, vous devez présenter de manière plus détaillée votre carrière en précisant vos majeures, mineures, sujets de mémoire, implications dans des projets professionnels ou extraprofessionnels. Si vous avez conduit des travaux particuliers, il faut les mentionner et les présenter en quelques lignes et indiquer s'ils ont fait l'objet de publications.

▦ Dans quels cas utiliser un CV dans une autre langue que le français et l'anglais ?

D'une manière générale, lorsque vous postulez à l'international, quel que soit le pays, la règle est d'envoyer un CV en anglais. Mais dans certains cas particuliers, notamment lorsque vous postulez en local et/ou que vos fonctions vous conduiront à interagir dans la langue du pays avec de nombreux interlocuteurs, il peut être utile d'adresser, en complément de votre CV en anglais, un CV dans la langue du pays.

Pour les demandes de stages, envoyer un CV dans la langue du pays dans lequel vous postulez est souvent assez apprécié.

Savoir rédiger un CV en allemand

Les CV, en Allemagne, sont beaucoup plus détaillés et fouillés qu'en France ou en Angleterre, ils se rapprochent plus des *resumes* aux États-Unis, mais peuvent se présenter sur trois pages.

Par exemple, il est courant de préciser les cours suivis pendant le cursus universitaire, mais également divers travaux d'études réalisés.

Des certificats de travail pourront également vous être demandés pour l'ensemble de vos postes et stages.

▦ Les lettres de recommandation : une pratique anglo-saxonne

En France, dans un processus de recrutement classique, il est exceptionnel qu'il vous soit demandé des lettres de recommandation. En revanche, en Angleterre et aux États-Unis et surtout en Allemagne, les recruteurs sont assez friands de lettres de recommandation de professeurs dont vous avez suivi les enseignements ou d'anciens employeurs, fournisseurs…

Pour avoir une certaine valeur, elles devront être conséquentes, précises et sortir des propos convenus. Donc, si vous postulez en contexte anglo-saxon, prenez vos précautions et sollicitez vos contacts pour des lettres de recommandation au moment où vous démarrez votre recherche pour ne pas devoir agir dans la précipitation si ce type de demandes vous était formulé.

CV et originalité, est-ce compatible ?

Un CV est avant tout un outil qui traduit votre identité professionnelle. Pour cela, il doit se conformer aux codes de l'univers professionnel dans lequel vous évoluez. S'il est impératif de chercher à faire la différence, vouloir faire la différence en se singularisant à tout prix par la forme est souvent une grave erreur.

Selon votre métier et l'entreprise dans laquelle vous postulez, il peut être cependant tout à fait judicieux de jouer avec les codes et de démontrer vos compétences au travers de votre CV. Ainsi, un chargé de communication pourra par son CV souligner sa créativité et ses compétences de maquettiste.

Enfin, certaines entreprises, comme Innocent ou Michel et Augustin, par leur communication décalée et l'originalité de leurs annonces, vous encouragent à leur prouver votre créativité. N'hésitez pas alors et lancez-vous sur les traces de cette jeune stagiaire en marketing qui a postulé chez Innocent en leur adressant une bouteille de Smoothie/CV avec les mentions suivantes : «Teneur en motivation : 100 %» ou encore «À déguster dans l'optique d'un recrutement de stagiaire».

Mentir sur son CV ?

Mentir sur son CV est toujours un peu risqué. Si votre recruteur s'aperçoit que vous lui avez menti sur un point, ce petit écart, même sur un élément mineur, discrédite l'ensemble de votre candidature. Par ailleurs, à l'heure des réseaux sociaux, les incohérences peuvent facilement être débusquées.

Au plan strictement légal, sauf pour des professions particulières (médecin, pharmacien, avocat, architecte...), mentir prête peu à conséquence. La justice considère qu'il appartient à l'employeur de s'assurer de la véracité d'un CV et que le mensonge sur un CV ne constitue pas un motif de licenciement pour cause réelle et sérieuse.

Pour autant, sachez qu'il est très facile aujourd'hui de vérifier des diplômes et que certaines entreprises font appel à des sociétés spécialisées. De plus, en janvier 2017, l'Éducation nationale a développé un service d'attestation numérique pour l'ensemble des diplômes nationaux visés par l'État et/ou conférant un grade universitaire.

Enfin, il peut exister bien d'autres sanctions que le licenciement, vous devez donc penser à la suite de votre carrière.

Entre lettre de motivation et e-mail d'accompagnement, quel est le bon choix ?

Une fois votre CV rédigé, lorsque vous l'adressez à votre cible, que cela soit dans le cadre d'une candidature spontanée, à la suite d'un rendez-vous réseau ou pour répondre à une annonce, il vous faut y joindre un mot d'accompagnement. Avant de vous précipiter sur cet exercice souvent redouté et assez chronophage, interrogez-vous au cas par cas sur le type de message d'accompagnement le plus adapté à la configuration dans laquelle vous vous trouvez.

■ La lettre de motivation, un exercice en voie de disparition ?

Une simple convention qui demeure...

Les lettres de motivation, lorsqu'elles étaient manuscrites, constituaient des éléments à part entière d'un dossier de candidature. D'ailleurs, dans bien des cas, elles faisaient l'objet d'études graphologiques. Cette pratique est en nette régression depuis plusieurs années, la graphologie en tant qu'outil d'analyse d'une personnalité étant fortement contestée outre-Atlantique.

Dans bien des cas, cette fameuse lettre de motivation n'est plus adaptée au recrutement tel qu'il se pratique aujourd'hui. D'ailleurs, bien souvent, les annonces ne mentionnent plus le besoin d'adresser une lettre de motivation. Si votre recruteur souhaite vraiment une lettre de motivation, il vous la demandera.

Toutefois, si vous postulez sur des fonctions où les qualités rédactionnelles sont des éléments essentiels dans des secteurs comme le journalisme, la communication ou l'édition, soignez davantage cette fameuse lettre.

... mais qui peut vous disqualifier

Aujourd'hui, dans la plupart des cas, les recruteurs ne passent que très peu de temps à lire les lettres de motivation, il vous faut donc être efficace et aller à l'essentiel. Envisagez donc l'exercice comme une simple convention. Une lettre de motivation-fleuve, même extrêmement bien tournée, risque de vous faire passer pour quelqu'un manquant d'esprit de synthèse et peu adapté à une organisation performante.

Soyez donc sobre et synthétique et dans tous les cas soyez vigilant à votre orthographe, un accident est si vite arrivé !

■ Dans quel cas la lettre de motivation s'impose-t-elle ?

Devoir rédiger une lettre de motivation freine souvent les ardeurs des candidats. Il est en effet toujours plus simple d'envoyer un CV déjà rédigé avec juste un mini mail d'accompagnement. Toutefois, s'investir dans la rédaction d'une lettre de motivation « sur mesure » et ciblée s'impose dans deux cas.

Une lettre de motivation vous est explicitement demandée

À l'issue d'un premier contact ou après avoir envoyé votre CV, cette demande vous est formulée. C'est d'ailleurs plutôt un bon signe pour vous et cela mérite que vous passiez un peu de temps dessus. Si cette demande vous est formulée après un premier échange, il est impératif qu'au travers de cette lettre vous souligniez que vous avez parfaitement compris et intégré les enjeux de la fonction.

La manière dont l'annonce est rédigée

L'annonce à laquelle vous répondez a été rédigée afin de vous interpeller et de vous amener à lui prouver certaines de vos qualités. À titre d'exemple, voici quelques extraits d'annonces vous demandant implicitement d'aller au-delà de la convention d'une banale lettre de motivation.

Pour un poste de chef de secteur débutant dans le domaine alimentaire

« Notre marque n'a aucun secret pour vous, vous vous reconnaissez dans nos valeurs et avez envie de nous aider à grandir. »

« Vous avez une énergie contagieuse et en grande quantité. »

« Vous êtes commercial(e), vous négociez partout, tout le temps. »

« Volontaire et persévérant(e), vous ne lâchez jamais rien. »

« Entrepreneur (ou entrepreneuse), vous aimez emprunter des chemins nouveaux. »

« Bienveillant(e), vous aimez travailler en équipe. »

« Vous avez de l'ambition, vous voulez réussir et progresser, vous recherchez les responsabilités. »

« Vous êtes sympa et n'hésitez pas à rire même aux blagues les plus nulles. »

« Vous avez un don pour confectionner les gâteaux au chocolat ou les tartes aux fraises. »

« Vous raffolez (secrètement) des épinards. »

Informations complémentaires

«Pass Navigo remboursé à 100 %.»

«Forfait repas, téléphone et ordinateur.»

«Formation et coaching au sein de la "Pépinière".»

«+ Autant de jus & smoothies que vous pourrez boire.»

«Le poste étant évolutif à terme vers un poste de chef de secteur senior, vous devez être titulaire du permis B (vroum-vroum) et déjà prêt(e) à relever un nouveau défi demain, quelque part en France.»

Pour un poste de jeune diplômé en marketing, en hosting

Missions :

«Développement : génération de leads Supply & Demand – acquisition marketing, partenariats stratégiques, business development...»

«Identification et consolidation de nouvelles lignes de produits : événementiel, corporate...»

«Beaucoup plus, si vous êtes bon :)»

Les bonus

«L'occasion de découvrir (et de dénicher) les plus beaux appartements de Paris, Londres, NYC, LA, Rome et Miami.»

«Un bureau au cœur du Marais – bye bye La Défense !»

«Un stock illimité de Crocopiks en tout genre.»

«Énormément d'apprentissages – l'occasion de prendre une nouvelle dimension.»

Profil

«Grande école (commerce, ingés...) ou IEP ou une expérience tout aussi significative.»

«Des paillettes dans les yeux, et si possible quelques bonnes blagues en stock.»

L'annonce requiert spécifiquement des caractéristiques personnelles rares dont vous disposez

Ainsi, si vous répondez à une annonce pour être pigiste dans un journal dédié à la pelote basque et que vous pratiquez ce sport depuis votre enfance et que vous parlez français, espagnol et catalan, vous devez rédiger une lettre de motivation spécifique !

Enfin, si vous postulez à l'international dans le cadre d'un processus de recrutement très structuré comme les *graduate programs* ou les recrutements de jeunes diplômés dans certaines banques très prestigieuses, il est souhaitable que vous preniez un peu de temps pour subtilement mettre en avant vos points de différenciation, mais aussi votre forte motivation. Si vous postulez en contexte anglo-saxon, on vous demandera alors une « cover letter », qui est en fait une lettre de motivation.

Dans tous les autres cas, optimisez votre démarche et gagnez du temps en rédigeant deux ou trois versions d'une lettre type d'une quinzaine de lignes que vous adapterez en fonction des annonces.

Exercice 46 – Je rédige une lettre de motivation type

1. Intéressez-vous à votre portefeuille de compétences, mais aussi et surtout à vos points de différenciation.
2. Réfléchissez aux mots-clés qui caractérisent votre parcours, mais également à ceux qui caractérisent l'entreprise et le poste pour lequel vous postulez.
3. Regroupez vos points de différenciation et votre portefeuille de compétences autour de six grands thèmes maximum.
4. Travaillez l'intitulé de ces thèmes (leur annonce) que vous pourrez écrire en gras puis développez-les au travers de deux ou trois lignes maximum.
5. En fonction de l'annonce à laquelle vous postulez, choisissez les trois grands thèmes que vous allez retenir pour votre lettre de motivation.
6. Utilisez des puces et des tirets pour obtenir une présentation aérée.
7. Relisez-vous, votre lettre ne doit pas dépasser une vingtaine de lignes.
8. Vérifiez votre orthographe.

Consacrer un peu de temps à la rédaction d'une lettre de motivation type que vous pourrez adapter et « customiser » en fonction des annonces auxquelles vous répondrez vous permettra de gagner du temps, mais surtout d'être réactif et de répondre ainsi très vite après la publication de l'annonce.

L'exemple de...

Côme, jeune diplômé, as du marketing, tant personnel que professionnel

Chère Madame, Cher Monsieur,

Diplômé en juin prochain d'un bachelor en commerce de l'université de Bath en Angleterre, je suis vivement intéressé par la perspective d'effectuer un stage ou une mission de longue durée dans votre groupe de septembre à mai prochains.

Mon profil se caractérise par :
- *Une forte orientation à l'international*

En effet, après un bac français j'ai choisi d'aller étudier en milieu anglophone à l'université de Bath où je me suis spécialisé en commerce international avec une mineure en allemand. J'ai également effectué un échange de six mois à Shanghai, en Chine, à l'université Jiao Tong.
- *Un panel d'expériences diversifiées à dominante commerciale marketing*

Tout au long de mes études, j'ai cherché à me confronter aux réalités de l'entreprise au travers de plusieurs stages et des missions de brand ambassador pour des marques de l'univers de la grande consommation comme Kellogg's, McDonald's, Samsung…
- *Un intérêt marqué pour des univers fondés sur l'expérience client et le service*

J'ai en effet eu la chance de pouvoir accompagner dans son lancement une start-up de services hôteliers premium. Cela m'a permis d'appréhender la déclinaison d'un marketing digital en expérience client réelle.

Je serais très heureux de pouvoir échanger avec vous sur une opportunité que vous pourriez me proposer.

Cordialement,
Côme Lefort

L'exemple de...

Clara, directeur de marques, pro de la lettre de motivation

Bonjour,

J'ai un parcours de dix ans dans le domaine de la grande consommation sur des fonctions marketing et communication après un master en marketing.

Plus que la grande consommation, ce qui me caractérise, c'est l'envie et l'énergie de créer de beaux dispositifs de communication pour faire grandir les marques et le business.

Mon parcours m'a permis de développer de réelles expertises qui pourraient aider la marque Poussinette à se démarquer dans un environnement fort concurrentiel :
- *Lancements ou repositionnements de marques avec définition de territoires de marque distinctifs et déclinaison sur tous les supports y compris en trade marketing.*

- *Définition des stratégies de communication en lien avec les agences de publicité. Suivi du processus créatif jusqu'à la livraison au support.*
- *Leadership sur des budgets de communication entre 5 et 20 M€ selon les marques, dans des plans de communication annuels combinant à la fois médias off line (TV, radio, presse, affichage) et online (achat premium, programmatique), mais aussi des stratégies d'influences (RP, influenceurs digitaux).*
- *Management de l'ensemble des prestataires de communication : agences de pub, agence média, agence RP, avec négociation d'accord-cadre, appel d'offres.*

Aujourd'hui je serais très heureuse de vous rencontrer pour me présenter et échanger avec vous sur le contour du poste et des enjeux qui attendent Poussinette.

En vous remerciant de votre attention.

Cordialement,
Clara Lafée

L'exemple de...

Jean, RRH 100 % vendeur

Bonjour,

Suite à un cursus universitaire en gestion financière, je me suis spécialisé en ressources humaines avec un DESS. Je dispose d'une expérience de plus de dix ans, effectués au sein de grands groupes dans le secteur des services auprès de populations techniques, commerciales et des fonctions support.
Dans mes fonctions, j'ai particulièrement été amené à :
- *mettre en place et optimiser des processus et dispositifs RH ;*
- *déployer des outils innovants et mener des plans d'action ;*
- *conduire des projets de développement RH et de conduite de changement : formation, recrutement, carrières, GPEC, classification et rémunération... ;*
- *animer les IRP et négocier de nouveaux accords (intéressement, rémunération variable, égalité professionnelle...);*
- *être un véritable partenaire auprès de la direction et du management opérationnel.*

Aujourd'hui, je me positionne comme un RH généraliste à forte dominante développement RH, capable de traiter des sujets complexes dans des contextes de conduite de changement dans une approche de business partner.
Je serais ravi de mettre à votre disposition mon expérience, mes qualités relationnelles et mon leadership pour accompagner votre client dans son développement.
En espérant avoir retenu votre attention, je reste à votre disposition pour vous rencontrer.

Bien cordialement,
Jean Dubois

Disposer d'une lettre de motivation type vous permet de standardiser vos réponses et gagner du temps. En revanche, s'il vous est explicitement demandé une lettre de motivation, vous devez vous astreindre à rédiger une nouvelle lettre totalement adaptée au ton de l'annonce et à son contenu mais aussi aux enjeux et à la culture de l'entreprise qui recrute. Pour cela, vous pouvez bien évidemment vous appuyer sur votre lettre standard.

Exercice 47 – Je rédige une lettre de motivation ciblée

1. Si vous répondez à une annonce, analysez l'annonce et son ton puis soulignez les missions pour lesquelles vous avez déjà une expérience et cherchez à les regrouper par thèmes.

2. Travaillez l'accroche sous deux axes possibles :

- utilisez un événement d'actualité impactant la vie de l'entreprise ou, mieux, l'activité de votre métier au sein de celle-ci ;

- rebondissez avec subtilité et brio sur un élément de l'annonce par une réponse très affûtée.

3. Évitez d'apparaître pompeux ou donneur de leçons, soyez simple mais sachez être original. Si l'annonce ne se prête à aucun de ces axes, présentez-vous alors de manière globale en deux lignes.

4. Choisissez ensuite parmi votre portefeuille d'expériences et de compétences celles qui correspondent le plus à la fonction pour laquelle vous postulez.

5. Aérez votre présentation et relisez-vous.

Chapitre 6

MAÎTRISER LES LEVIERS DU DIGITAL POUR MAXIMISER SA DÉMARCHE

Internet, en facilitant le traitement et la transmission de l'information et en simplifiant la mise en relation, a profondément révolutionné le monde du recrutement. Il s'agit donc pour vous de pouvoir et savoir utiliser à votre profit les possibilités que vous offrent les *job boards* ou sites d'emploi, mais aussi les réseaux sociaux.

Il existe une grande abondance de ressources en matière de recrutement. Aussi, pour ne pas vous disperser, il vous faut vous concentrer sur les outils plus adaptés à la nature de votre recherche.

Connaître et bien choisir ses sites emploi de référence

■ À quoi servent les sites emploi ?

Les *job boards* sont des plateformes sur lesquelles les entreprises postent leurs annonces comme elles le faisaient auparavant dans les journaux. Le modèle repose pour partie sur les revenus générés par les recruteurs qui paient pour pouvoir mettre en ligne leurs annonces. Afin d'accroître leur visibilité et justifier auprès des entreprises le coût de ces annonces en ligne, les *job boards* ont enrichi leur offre en proposant d'autres services comme :

- le *push mail* ou inscription à des alertes qui envoient des mails à l'utilisateur lorsqu'un job est posté en fonction de critères définis;

- le dépôt de CV dans des CVthèques consultables par les recruteurs moyennant un abonnement;

- du contenu avec des fiches métiers et des conseils RH pour les candidats ;
- une présence sur les réseaux sociaux ;
- l'indexation des offres sur les moteurs de recherche (Google) et les méta-moteurs comme Option Carrière, JobiJoba...

Les sites généralistes

Les incontournables

Cadremploi, l'Apec sont les deux sites de référence pour les jeunes diplômés et les cadres sur lesquels vous ne pouvez pas faire l'impasse. Ils drainent à eux deux l'essentiel des offres d'emploi pour les cadres et agrègent l'essentiel des offres d'emploi publiées par les cabinets de recrutement, la presse régionale et nationale et les entreprises.

Ne négligez pas non plus le site WATs4U, qui rassemble les offres d'emploi de plus d'une vingtaine de grandes écoles de management et d'ingénieurs, nationales et internationales, si vous pouvez y avoir accès.

Pour en avoir une utilisation efficace, vous devez :

- vous créer sur ces sites votre propre espace personnel où vous pourrez stocker plusieurs versions de votre CV et vos lettres d'accompagnement types et ainsi postuler en direct ;
- vous créer des alertes pour pouvoir recevoir dans votre boîte mail les annonces qui correspondent à votre recherche ;
- ne pas hésiter à faire régulièrement vous-même des interrogations par mots-clés ou par zones géographiques.

Ces sites sont aussi des sites d'information sur l'emploi et vous offrent en ligne toute une palette d'articles et des outils de simulation pour vous accompagner dans votre recherche d'emploi.

Monster, l'outsider généraliste pour les plus jeunes

Monster : plutôt centré sur des jeunes diplômés débutants ou des cadres en première partie de carrière. Il dispose d'une assise à l'international qui peut être intéressante dans le cadre d'une recherche à l'étranger.

Les sites spécialisés

Il existe également une multitude de sites spécialisés :

- par fonction : commercial, marketing, informatique, communication...

- par métier : luxe, automobile, pétrole, santé mode, architecture, cinéma...
- par technologie : surtout dans le domaine informatique.

Ces sites, utiles si vous menez une recherche très pointue, proposent plutôt des postes de middle management.

Les sites jeunes diplômés ou stagiaires

Outre Monster, il existe également un certain nombre de sites dédiés aux jeunes diplômés, aux alternants ou aux stagiaires comme :

- JobTeaser ;
- iQuesta ;
- AJstage ;
- Direct Alternance.

Les sites régionaux

Les deux acteurs majeurs sont aujourd'hui Meteojob et RegionsJob. Ils peuvent être intéressants pour vous si vous focalisez vos recherches sur une ville ou un bassin d'emploi spécifiques. Ce sont des sites qui connaissent un fort développement. Toutefois, ils sont surtout pertinents pour des offres de middle management.

■ Les agrégateurs ou métamoteurs

Ils fonctionnent à la manière d'un moteur de recherche, type Google, en étant spécialisés sur les offres d'emploi et de stage. En lançant une recherche, les offres proposées sont « remontées » par des algorithmes guidant des robots d'indexation qui parcourent des milliers de pages sur la Toile.

Les trois agrégateurs les plus connus sont :

- Indeed (généraliste) ;
- Keljob (plutôt jeunes diplômés) ;
- JobiJoba (bonne ouverture à l'international).

D'autres métamoteurs, développés aux États-Unis comme Wanajob, Trovit et Simply Hired ont été récemment adaptés au marché français.

Le principal atout d'un agrégateur est de permettre de récupérer un maximum d'offres d'emploi diffusées sur Internet. *A contrario*, l'inconvénient principal de ces sites est qu'ils manquent de précision. Beaucoup d'annonces ne sont pas pertinentes par rapport à la requête. Par ailleurs, beaucoup d'annonces sont redondantes ou obsolètes et peuvent être mêlées à des offres de stage.

▓ Les sites de matching : une nouvelle tendance pour les juniors

Le principe

Les sites dits de « matching » se veulent l'équivalent professionnel des sites de rencontres. Ils proposent de faire se rencontrer candidats et entreprises en fonction de points communs, notamment liés aux compétences offertes et recherchées. Le candidat se crée un profil en indiquant sa recherche, ses diplômes, métier, compétences, expériences, salaire, localisation... Un algorithme analyse ces données et cherche les annonces qui correspondent le mieux à son profil.

L'intérêt de ces sites est de postuler plus efficacement à des offres. Grâce aux mots-clés, l'algorithme de matching va trouver des offres potentiellement intéressantes, voire des offres auxquelles vous n'auriez pas pensé mais pour lesquelles vous avez les compétences requises.

En revanche, en mettant sur le même plan recherche de talents et recherche de postes, certaines offres qui ne « matchent » pas complètement risquent de vous échapper. Enfin, si vous n'entrez pas bien votre profil, vous risquez de voir échapper des annonces.

Les principaux sites et applications

Monkey Tie : à partir d'un test de personnalité que vous passez en ligne, votre profil de votre personnalité est dressé et vous êtes aiguillé ensuite vers des annonces qui vous correspondent. L'intérêt pour les entreprises comme pour les candidats est de pouvoir compenser un déficit de parcours professionnel avec des éléments de personnalité.

Kudoz : racheté par Le Bon Coin, il est directement inspiré du site de rencontres Tinder, l'inscription est très simple car basée sur votre profil LinkedIn.

▓ Glassdoor ou le Trip Advisor des entreprises, référence des sites communautaires

Arrivé en 2015, Glassdoor est devenu incontestablement le site communautaire numéro 1. Les employés actuels et anciens employés d'entreprises y sont invités de façon anonyme à évaluer leur entreprise en termes d'environnement de travail, salaires, avantages, évolutions de carrière mais aussi à donner leurs points de vue sur le processus de recrutement : type d'entretien, questions posées…

De leur côté, les employeurs peuvent diffuser leurs offres d'emploi et utiliser ces remontées pour travailler leur marque employeur.

Pour le visiteur, l'utilisation du site internet est gratuite. Ce modèle repose sur la confiance car, étant anonymes, les personnes qui laissent des commentaires ne sont pas identifiées, il leur est seulement demandé de justifier d'une adresse professionnelle. Rien n'indique donc qu'elles travaillent ou qu'elles ont bien travaillé dans l'entreprise évaluée.

Avant de vous rendre à un entretien de recrutement, vous pouvez consulter la page de l'entreprise recruteuse et avoir des informations sur le niveau de salaires auquel vous pouvez prétendre, les questions susceptibles de vous être posées…

Un des intérêts du site est aussi d'informer sur les sociétés étrangères. Glassdoor est présent dans 190 pays et compte 27 millions de membres.

Les plateformes de cooptation

Nouvellement venus sur le marché, ces sites sollicitent au sein d'un vivier des personnes susceptibles d'avoir dans leur réseau le bon candidat pour un poste. Si la recommandation est concluante, à l'issue de la période d'essai du recruté, le coopteur reçoit une prime pouvant aller jusqu'à 1000 euros selon les postes et les entreprises.

Les principaux sites sont :

- Keycoopt ;
- MyJobCompany ;
- Easycoop ;
- Coop-Time.

À noter que certains de ces sites comme Keycoopt ont développé en « marque blanche » des plateformes pour entreprises afin de leur permettre de gérer en interne leur propre programme de cooptation.

Exercice 48 – Je choisis et j'utilise les bons sites d'emploi

1. Ne vous dispersez pas, l'offre est nombreuse.

2. Inscrivez-vous impérativement à Cadremploi et éventuellement à l'Apec et créez votre espace personnel.

3. Si vous pouvez avoir accès à WATs4U, n'hésitez pas !

4. Si vous êtes un jeune diplômé ou à la recherche d'un stage ou d'une alternance, intéressez-vous aux sites spécialisés.

5. Si vous recherchez dans un secteur très précis et que vous êtes en début de carrière ou vous exercez une fonction très spécifique, consultez les sites spécialisés par secteur d'activité ou métier.

6. Si vous voulez être sûr d'avoir une vision exhaustive des offres, utilisez un agrégateur tout en ayant connaissance de ses limites.

7. Vous avez un entretien, vous voulez avoir une meilleure connaissance de l'intérieur d'une entreprise, utilisez sans modération Glassdoor.

8. Gérez votre temps et ne vous dispersez surtout pas. En fonction de votre profil, choisissez au maximum deux *job boards*.

9. Souvenez-vous que les annonces ne représentent que 10 % des opportunités totales du marché et que 75 % des recrutements de cadres confirmés sont réalisés grâce au réseau.

Utiliser les sites d'emploi en adéquation avec votre recherche d'emploi vous permettra de gagner du temps à condition que vous soyez sélectif. Ce gain de temps vous permettra de vous investir notamment sur les réseaux sociaux qui sont devenus incontournables dans une recherche d'emploi.

■ Les réseaux sociaux professionnels : des outils incontournables

Les réseaux sociaux font désormais partie de notre quotidien et les réseaux professionnels sont aujourd'hui de plus en plus utilisés. Ce sont donc des espaces que vous ne devez pas négliger dans votre recherche d'emploi.

Vous devez absolument les considérer et apprendre à les utiliser dans votre recherche d'emploi tant pour renforcer votre visibilité que pour entrer en contact avec vos cibles.

Si Facebook offre la possibilité de renseigner des compétences professionnelles, ce n'est en aucun cas un réseau professionnel. En bon communicant, vous devez surveiller votre image et n'être présent en tant que professionnel que sur les réseaux cohérents avec votre image professionnelle.

Pourtant, sachez que les grosses entreprises ne rechignent pas à utiliser le canal de Facebook ou celui de Twitter pour communiquer sur leurs offres de poste ou de stage auprès d'une cible essentiellement de jeunes diplômés.

LinkedIn, en tête des réseaux professionnels...

LinkedIn est par essence le réseau des cadres. C'est un réseau international qui compte plus de 500 millions d'inscrits dans le monde et dans plus de 200 pays. En France, il revendique 14 millions d'utilisateurs. Sa base est plutôt constituée de cadres expérimentés, mais de plus en plus de jeunes diplômés y sont présents.

... pour accroître votre visibilité et travailler votre personal branding

LinkedIn est devenu, depuis plusieurs années, un terrain de chasse très prisé par les cabinets de chasseurs de têtes, mais aussi des entreprises qui n'hésitent pas à recruter directement des collaborateurs identifiés sur LinkedIn.

La mise à jour de leurs profils par les intéressés eux-mêmes facilite fortement le travail d'identification au point que certains acteurs majeurs de la chasse ont renoncé à entretenir de lourdes bases de données internes.

... pour étendre votre réseau

Par sa simplicité de fonctionnement, comme tous les réseaux sociaux, il réduit la distance entre professionnels et vous permet d'étendre votre influence. N'hésitez donc pas à utiliser LinkedIn pour entrer en contact avec certaines de vos cibles et à solliciter des rendez-vous. Mais souvenez-vous que votre objectif est d'impacter et qu'il vous faut donc rencontrer de visu votre cible. Croire qu'un échange sur LinkedIn derrière un ordinateur équivaut à un entretien est un leurre.

Ne cherchez pas à étendre votre réseau sur LinkedIn, mais constituez-vous petit à petit un réseau cohérent avec la personne que vous êtes.

... comme outil de veille sur un marché

LinkedIn vous offre la possibilité de vous inscrire à certains groupes professionnels qui vous permettent de suivre précisément l'actualité d'un secteur et ses problématiques.

Vous pouvez également, en naviguant intelligemment, aller consulter les profils des personnes titulaires des postes que vous visez. Cela vous donnera des informations précieuses sur leurs formations, leurs parcours mais aussi leurs activités. Vous serez ainsi en mesure de mieux comprendre les potentielles attentes du recruteur et le contenu de la fonction que vous recherchez.

Savoir utiliser LinkedIn

LinkedIn est le réseau où vous devez être présent prioritairement. Pour cela, il vous faut tout simplement vous créer un compte puis le compléter et commencer à constituer votre réseau.

Exercice 49 – Je crée mon compte LinkedIn

1. Allez sur votre navigateur et tapez LinkedIn dans votre moteur de recherche.
2. Pour vous inscrire, saisissez sur la page qui s'ouvre :
- vos prénom et nom ;
- votre mail (de préférence, indiquez votre adresse professionnelle) ;
- un mot de passe de six caractères ;
- votre lieu d'habitation ;
- votre situation : l'écran vous propose : salarié, en recherche, étudiant ;
- votre intitulé de poste actuel ;
- votre secteur que vous allez valider dans un menu déroulant ;
- puis confirmez en cliquant sur la zone bleue « Créer mon profil ».
3. Indiquez ensuite votre e-mail sur le nouvel écran. Saisissez de préférence votre e-mail professionnel car le système va aller chercher dans la boîte mail reliée à l'adresse indiquée des contacts potentiels qu'il va ensuite vous proposer pour vous connecter.
4. Allez sur votre boîte mail pour récupérer le mail vous demandant de confirmer votre demande de création d'un compte LinkedIn.
5. Retapez votre mail et le mot de passe que vous avez choisi (action n° 2) sur la page d'accueil ou vous avez été redirigé automatiquement.
6. Sur la page suivante, acceptez que LinkedIn soit connecté avec votre boîte mail (cette demande vous est faite deux fois), afin que LinkedIn puisse vous proposer des contacts potentiels parmi vos relations qui apparaissent alors à l'écran.

7. Sélectionnez parmi ces contacts les personnes avec lesquelles vous souhaitez être connecté.

8. Le système va également vous proposer des contacts potentiels qui ne sont pas connectés à LinkedIn et auxquels vous pouvez envoyer une invitation à s'y connecter.

9. Sur la page suivante, indiquez votre numéro de téléphone pour que vous puissiez télécharger l'application sur votre portable.

10. Sur la dernière page, choisissez si vous souhaitez un compte « basic » ou un compte payant « premium ». Lorsque vous démarrez, préférez un compte « basic ».

Après avoir créé ainsi votre compte LinkedIn, vous allez devoir remplir votre profil, mais, auparavant, il peut être aussi utile pour des raisons de lisibilité de personnaliser votre URL. Ainsi au lieu de https://www.linkedin.com/in/ben-superstar-345939142/, pourra apparaître www.linkedin.com/in/bensuperstar.

Ce lien URL sera visuellement plus plaisant à lire sur un CV et également plus facile à communiquer.

Exercice 50 – Je personnalise mon URL

1. Cliquez sur l'icône « Vous » en haut à droite sur la barre bleu foncé.

2. Puis, dans le menu déroulant, cliquez sur « Voir le profil » en dessous de votre nom.

3. Cliquez à droite sur « Modifier le profil public et l'URL ».

4. Sur la nouvelle page, dans la rubrique « Modifier l'URL », cliquez sur le petit crayon.

5. Modifier alors la fin de l'URL en utilisant une structure simple type nom prénom.

■ Renseignez et optimisez votre profil

Un profil LinkedIn n'est pas exactement un CV mais ressemble beaucoup à un CV sur une page.

Lorsque vous vous apprêtez à renseigner votre profil, il est vraiment préférable que vous ayez déjà travaillé votre CV et abouti à une version CV d'une page, et ce que vous soyez jeune diplômé ou expérimenté. Pour cela, reportez-vous aux pages 116 à 126 et réalisez les exercices 43 *(p. 122)*, 44 *(p. 124)* et 45 *(p. 125)*.

Pour vous aider dans ce travail, vous pouvez également jeter un coup d'œil aux profils des personnes que vous connaissez qui exercent une fonction proche ou similaire à la vôtre en ayant tout de même à l'esprit que vous êtes unique et que votre combinaison de savoir-faire et savoir-être est également unique.

Votre profil LinkedIn étant votre identité professionnelle sur le Net, vous devez donc être vigilant à ce que vous soyez facilement identifiable, mais aussi que votre proposition de valeur soit très facilement perceptible. Votre objectif est de vous démarquer (sans pour autant être décalé par rapport au type de poste que vous visez) pour permettre à votre profil d'être davantage consulté.

▦ Utilisez des mots-clés sans modération

Ayez à l'esprit que les chargés de recherche des cabinets de chasseurs de têtes, lorsqu'ils cherchent à identifier des candidats potentiels pour une mission, effectuent dans la majorité des cas des requêtes sur des mots-clés. Aussi, si vous êtes directeur financier et que vous souhaitez évoluer à l'international, préférez l'intitulé de poste CFO (chief financial officer), même si votre entreprise reste attachée aux intitulés de fonction en français.

De même, si vous disposez de compétences ou d'une expérience facilement identifiables au travers de mots-clés, précisez-les. Il peut en effet être utile de mentionner que vous êtes un spécialiste du module financier de SAP en précisant « SAP FICO » ou que vous avez évolué pendant une bonne partie de votre carrière dans un secteur particulier.

Si vous êtes comptable, précisez vos champs d'action (client, fournisseur, général) et les types de progiciels que vous maîtrisez (Cegid, Sage, SAP...).

D'une manière générale, choisissez vos mots-clés en fonction des besoins du marché. Plus la compétence et/ou les secteurs que vous mentionnez seront sous tension, plus vous aurez de chances de vous faire contacter.

▦ Soignez les 220 premiers caractères de votre profil

Ces 220 premiers caractères (pour une consultation par ordinateur) et les 100 premiers caractères (pour une consultation sur un smartphone) correspondent à la zone de texte intégrée à la vue principale de votre profil.

Mettez-vous à la place du chargé de recherche qui « screene » à toute vitesse les 100 profils que sa requête lui propose et donnez-vous les moyens au travers de ces 220 caractères de faire ressortir votre profil parmi les autres.

Pour cela, vous devez impacter et indiquer votre proposition de valeur en la centrant sur vos objectifs pour donner envie à la personne qui consulte votre profil de cliquer sur « Voir plus ».

Dans le même esprit, choisissez avec attention votre titre qui apparaît également sur cette zone de texte. Votre titre doit expliquer par lui-même ce que vous êtes et ce que vous faites. Pour faire figurer votre titre, vous disposez de 120 caractères.

Si vous êtes en poste et que vous ne souhaitez pas que votre employeur ait connaissance de votre volonté d'évoluer, ne précisez surtout pas que vous êtes à la recherche d'un nouveau challenge mais indiquez de façon percutante votre proposition de valeur.

▪ Soyez professionnel

Être professionnel, c'est accorder une grande vigilance à la rédaction de votre profil et éviter les fautes d'orthographe et les erreurs de frappe.

De même, vous devez impérativement compléter votre profil par une photo professionnelle de qualité.

LinkedIn vous propose également d'incruster votre photo sur une photo de fond. Si vous optez pour cette possibilité, choisissez un fond pertinent avec l'image que vous voulez donner. Ainsi, Joe Collaborator, pour souligner ses capacités de communication et ses aptitudes à travailler en équipe et en réseau, a choisi comme photo d'arrière-plan une équipe en mouvement.

Exercice 51 – Je renseigne mon profil LinkedIn

1. Connectez-vous à votre profil.

2. Ajoutez votre photo en cliquant sur le cercle au-dessus de votre nom.

3. Renseignez la rubrique expérience en utilisant le signe + pour décrire chaque poste. Si vous étiez amené à modifier votre texte, utilisez alors le petit crayon.

4. De la même manière, remplissez les autres rubriques.

5. Soignez la formulation de votre titre et des 220 premiers caractères figurant en dessous de votre photo.

■ Ajoutez un profil dans une autre langue

LinkedIn permet non seulement d'avoir un profil en français, mais aussi dans d'autres langues, par exemple en anglais pour les utilisateurs anglophones.

Exercice 52 – Je fais figurer mon profil dans une autre langue

1. Cliquez sur l'icône « Vous » en haut à droite sur la barre bleu foncé.
2. Puis cliquez sur « Voir le profil » en dessous de votre nom.
3. Puis cliquez sur « Ajouter un profil dans une autre langue ».
4. Choisissez la langue et créez votre profil.

■ Utilisez la fonction « non notification » en cas de modification de votre profil

Lorsque vous êtes amené à modifier votre profil et si vous ne souhaitez pas que l'ensemble de vos contacts en soit informé, n'oubliez pas d'activer la fonction « non notification ».

Si vous vous mettez en recherche active et que dans cette optique vous « retoilettez » votre profil, il n'est pas souhaitable que l'ensemble de vos contacts soit informé de cette modification de profil, surtout si parmi vos contacts se trouvent certains de vos collègues, N+1 et N+2, clients ou fournisseurs...

Exercice 53 – J'active la fonction « non notification »

1. Cliquez sur votre petite photo au-dessus de « Vous » se situant tout en haut à droite dans la barre bleu foncé en haut de la page d'accueil de votre profil.
2. Choisissez dans le menu déroulant « Préférences et confidentialité ».
3. Sur la nouvelle page qui s'affiche, cliquez sur « Confidentialité » en haut et au centre.
4. Sur la nouvelle page, cliquez sur « Partager les modifications du profil ».
5. Cliquez sur « Non ».

▨ Complétez votre profil en sollicitant des recommandations

Pour renforcer votre profil, vous pouvez solliciter des recommandations venant en appui de vos compétences et de vos postes qui viendront s'afficher à la fin de votre profil.

Seules s'afficheront trois compétences que vous pouvez choisir dans le corps de votre profil. Pour consulter les autres, les utilisateurs devront cliquer sur « Voir plus ». Aussi, il est conseillé de les solliciter prioritairement sur les trois compétences que vous souhaitez voir s'afficher dans le corps de votre profil.

De même, il est préférable de solliciter des recommandations pour votre dernier poste. Sachez que seulement deux recommandations apparaîtront dans le corps de votre profil. Pour consulter vos autres recommandations, les utilisateurs devront alors cliquer sur « Voir plus ».

Concrètement, pour solliciter de préférence des recommandations sur votre dernier poste, rendez-vous à la fin de votre profil après les sections « Formation » et « Expérience et bénévolat ». Puis cliquez à droite sur le bouton « Solliciter une recommandation ». Afin de maximiser vos chances d'enclencher un contact, il vous est conseillé de personnaliser votre message avant de l'envoyer.

▨ Faites vivre votre réseau

Pour pouvoir vraiment tirer parti de la puissance de LinkedIn, vous allez devoir faire vivre votre réseau, c'est-à-dire l'élargir mais aussi l'animer par vos contributions.

Élargissez votre réseau

Une fois votre profil renseigné, vous devez chercher à étendre votre réseau en envoyant des invitations aux relations professionnelles et aux cibles avec lesquelles vous souhaitez entrer en contact. Pour cela, vous devez aller dans la barre bleu foncé en haut de la page d'accueil de votre profil et taper le nom de la personne que vous recherchez dans la zone blanche intitulée « Rechercher » et vous n'aurez qu'à cliquer sur le nom qui apparaîtra en dessous avec son titre. Puis cliquez sur la fonction « Se connecter ». Si vous cherchez à vous connecter à une personne qui ne vous connaît pas, il est vivement conseillé de rédiger avec soin le message que vous allez lui envoyer en vous présentant et en lui expliquant pour quelles raisons vous souhaitez entrer en contact avec elle. Elle sera d'autant plus encline à donner une suite favorable à votre demande que vous vous serez présenté.

Vous pouvez également vous appuyer sur le système de LinkedIn qui va vous proposer des personnes avec lesquelles vous entretenez déjà un lien plus ou moins apparent. Pour cela, rendez-vous dans la barre bleu foncé en haut de la page d'accueil de votre profil et cliquez sur la première icone «Réseau» représentant deux petits personnages, juste à droite de la zone blanche «Rechercher». Il vous sera alors proposé toute une liste de personnes avec lesquelles vous entretenez déjà un lien.

Contribuez à faire vivre votre réseau

Dans un premier temps, commencez par lire les posts des membres de votre réseau en cliquant sur l'icône «IN accueil» à l'extrême gauche de la barre bleu foncé de votre page d'accueil.

Puis commencez à saluer les nominations de vos contacts et relayez les articles et posts que vous jugez pertinents avant d'avoir votre propre activité. Cet espace de communication vous donne l'opportunité de mettre en lumière votre expertise et vos centres d'intérêt, ce qui peut être important lorsque vous cherchez à changer de fonction.

■ «Protégez» votre réseau

Si vous souhaitez que les membres de vos réseaux visualisent seulement les contacts que vous avez en commun et non tous vos contacts, vous devez alors paramétrer la fonction «Visibilité de vos relations».

Exercice 54 – Je protège mon réseau

1. Cliquez sur la petite photo au-dessus de «Vous» sur la barre bleu foncé en haut de la page d'accueil.

2. Cliquez dans le menu déroulant sur «Préférences et confidentialité» sous l'intitulé «Compte».

3. Cliquez sur «Confidentialité» en haut et au milieu du nouvel écran.

4. Sur le nouvel écran, descendez à mi-page et choisissez ensuite «Visibilité de vos relations» et sélectionnez «Vous uniquement».

En actionnant cette fonctionnalité, vos relations ne peuvent voir que les contacts que vous partagez avec elles et ne peuvent accéder aux autres membres de votre réseau.

▓ Utilisez votre réseau

Renseignez-vous sur les parcours de vos contacts

Que vous ayez rendez-vous avec un recruteur, un opérationnel pour un poste ou que vous souhaitiez entrer en contact avec une de vos cibles, il peut être intéressant pour vous de connaître son parcours. Pour cela, il vous suffit d'entrer sur le profil de cette personne.

Dans certains cas, il peut vous paraître judicieux d'effectuer cette recherche de manière anonyme. Pour cela, vous devez activer la fonction « Mode privé » de votre profil.

Exercice 55 – J'active la fonction « Mode privé » de mon profil

1. Cliquez sur votre petite photo qui apparaît sur la barre noire du haut de l'écran en haut à droite. Dans le menu déroulant qui s'ouvre, choisissez « Préférences et confidentialité ».
2. Sur l'écran qui apparaît, cliquez sur « Confidentialité » en haut et au milieu.
3. Sur la nouvelle page, descendez pour choisir « Options des vues de profil ».
4. Sélectionnez « Mode privé ».
5. Une fois votre recherche effectuée, retournez à nouveau à « Options des vues de profil » pour remettre votre profil visible en choisissant la première possibilité « Votre nom et titre de profil ». Cela vous permettra si vous ne bénéficiez pas d'un abonnement « premium » de pouvoir connaître les personnes qui ont consulté votre profil.

Suivez des entreprises

LinkedIn vous offre la possibilité de suivre l'actualité des entreprises ou groupes qui vous intéressent. Dans ces pages, vous trouverez les publications propres de l'entreprise qui vous intéresse, mais également une sélection de posts relayant le plus souvent des articles de presse.

Pour cela, il vous suffit de taper le nom de l'entreprise dans le cadre blanc de la barre de recherche située sur la bande bleu foncé en haut de votre écran.

Postulez en ligne

Cette fonction de LinkedIn est actuellement en plein développement. En fonction de votre profil, vous pouvez recevoir directement des offres d'emploi qui apparaîtront dans votre fil d'actualités. Pour avoir une vision plus exhaustive des offres d'emploi postées sur LinkedIn susceptibles de vous convenir, vous devez vous rendre sur la barre bleu foncé qui s'affiche au-dessus de la page d'accueil de votre profil et cliquer sur l'icône « Emplois » symbolisée par une petite mallette et cliquer sur « Mettre les objectifs professionnels à jour ». Soyez vigilant à ne partager vos objectifs professionnels que si vous en avez vraiment envie et faites notamment le choix d'activer ou ne pas activer « Faites savoir aux recruteurs que vous êtes réceptif ».

Si vous faites le choix de ne pas indiquer que vous êtes réceptif, vous pouvez quand même postuler et utiliser les fonctions de ce *job board* par expériences, localisation, secteur.

Vous pouvez également rechercher un poste par mots-clés, soit depuis la barre de recherche soit dans l'onglet « Emplois » de la petite mallette.

Créez des rendez-vous réseau

En utilisant la fonction messagerie, vous pouvez envoyer des messages à l'ensemble des membres du réseau. Vous devez juste taper le nom de la personne avec laquelle vous souhaitez entrer en contact dans la zone blanche de la barre bleu foncé de la page d'accueil de votre profil qui vous permettra d'accéder à la version allégée du profil de cette personne et de choisir la fonction « Envoyer un Inmail ».

Vous devez alors, de façon très synthétique, vous présenter et introduire votre demande. Vous serez surpris de l'efficacité de cette prise de contact.

▪ « Premium » ou pas « premium » : faites le bon choix

LinkedIn offre la possibilité de souscrire à un abonnement de l'ordre de 35 euros par mois pour avoir accès à plus de services.

Cette formule payante premium donne la possibilité d'envoyer des demandes de connexion « hors réseau », c'est-à-dire au-delà de votre 3e degré de connaissance. Elle vous permet également d'avoir connaissance de toutes les personnes qui ont consulté votre profil alors que dans la formule gratuite leur nombre est limité à cinq. Par ailleurs, si vous faites le choix d'utiliser la fonction « Mode privé », vous pouvez continuer à voir les personnes qui ont consulté votre profil.

Vous pouvez aussi envoyer des InMails en nombre limité en fonction de la nature des abonnements (messages privés) à des personnes qui ne sont pas dans votre réseau.

Toutefois, pour une utilisation dans le cadre d'une recherche d'emploi, il est tout à fait possible d'utiliser avec efficacité la majorité des fonctions proposées par LinkedIn en ayant recours à certaines astuces.

Exercice 56 – J'envoie des messages à des personnes qui ne sont pas dans mon réseau sans l'option « premium »

1. Allez visiter le profil de la personne avec laquelle vous souhaitez entrer en contact.
2. Descendez tout en bas de son profil et regardez dans la rubrique « Centres d'intérêt » si elle fait partie de groupes.
3. Parmi les différents groupes auxquels elle appartient, choisissez-en un qui vous intéresse et rejoignez-le.
4. Une fois que vous aurez rejoint ce groupe, vous pourrez consulter sa liste de membres sur la droite et lui envoyer des messages gratuitement.

Vous disposez maintenant de tous les basiques vous permettant d'utiliser les fonctions de base LinkedIn. Petit à petit, compte tenu de son interface très intuitive, vous allez devenir un vrai pro et découvrir de nouvelles fonctions.

À l'issue de ce chapitre, vous êtes maintenant conscient que la digitalisation des modes et méthodes de recrutement simplifie le travail des recruteurs mais également le vôtre. Il vous faut seulement au départ vous familiariser avec ces différentes ressources que vous allez maîtriser très vite.

Toutefois, ayez toujours à l'esprit qu'un contact virtuel ne remplacera jamais un rendez-vous en face-à-face. Aussi, ne restez pas « scotché » derrière votre ordinateur ou accroché à votre smartphone. Osez et préférez les vraies rencontres aux contacts virtuels.

De leur côté, les entreprises ont saisi toutes les possibilités que la digitalisation pouvait leur offrir et ont, pour certaines, mis en place des process de recrutement dont les premières étapes sont complètement digitalisées. Vous pouvez ainsi être invité à répondre à des tests de personnalité ou de logique en ligne, à passer un entretien en vidéo différée, au cours duquel vous devrez enregistrer vos réponses aux questions posées par un automate, ou encore à envoyer une vidéo de présentation. Ne soyez pas déstabilisé par ces nouvelles pratiques qui concernent actuellement plutôt les grosses entreprises et les recrutements de jeunes diplômés.

Les autres réseaux professionnels

▥ Viadeo, un acteur positionné TPE/PME

Viadeo est le second acteur majeur sur le marché français. Il compte 7,5 millions d'utilisateurs. Une de ses particularités est son orientation TPE/PME. Près de 50 % des profils en France sont issus de structures de moins de 1000 salariés. Viadeo a lancé et racheté des plateformes analogues à l'international avec plus ou moins de succès (Chine, Inde, Espagne) qui ne sont pas connectées entre elles.

En juin 2017, après des pertes significatives et l'abandon de sa stratégie de développement, Viadeo a été racheté par le groupe Le Figaro qui cherche clairement à le positionner comme une plateforme d'aide à la recherche d'emploi. Davantage de fonctionnalités gratuites devraient être proposées dans les prochains mois pour les profils jugés complets et à jour.

▥ Xing, le réseau de référence sur le marché allemand

Xing est un réseau social d'origine allemande. Il s'est peu développé hors de ses frontières d'origine, hormis en Espagne, à la suite des rachats de réseaux locaux, et en Turquie. Xing compte 15 millions de profils, dont plus de 50 % sont basés dans des pays germanophones. C'est un réseau sur lequel vous devez être si vous recherchez une opportunité professionnelle en Allemagne ou sur les zones germanophones.

▥ French Founders, le réseau des cadres dirigeants internationaux

French Founders est un réseau très sélectif qui ne regroupe que des cadres dirigeants. Pour pouvoir prétendre à entrer dans le réseau, vous devez présenter un certain nombre d'éléments sur votre parcours professionnel et être parrainé. Votre candidature sera alors étudiée.

Ce réseau est mondial et compte 2000 membres. Son objectif est de connecter dans le monde les entrepreneurs français à d'autres entrepreneurs français ou à des dirigeants français de niveau C-level dans des grands groupes pour dynamiser le business à l'international. C'est en théorie un réseau davantage orienté business que recherche d'emploi.

Chapitre 7
MARQUER LE POINT FINAL EN ENTRETIEN DE RECRUTEMENT

Bravo ! vous avez décroché un rendez-vous pour le poste que vous visez. Cependant, rien n'est encore gagné. Un entretien n'est pas un exercice d'improvisation, il vous faut maintenant vous préparer et vous armer pour donner le meilleur de vous-même lors de cet entretien ou de cette série d'entretiens qui s'annonce...

Intégrer les sept facteurs de succès d'un entretien

Pour réussir un entretien, vous allez devoir gérer simultanément de nombreux paramètres. Il vous faut en effet à la fois donner l'envie de travailler ensemble, interagir efficacement pour convaincre votre interlocuteur que vous êtes le candidat de la situation, mais aussi ne pas oublier de l'écouter.

D'où l'importance de bien vous préparer en amont, mais surtout d'avoir intégré les sept facteurs de succès d'un entretien qui vous permettront de comprendre ce qui doit s'y passer.

■ Facteur 1: soyez clair avec vous-même

A priori, vous savez pourquoi vous êtes là: vous êtes très motivé par le poste et par la perspective de rejoindre cette entreprise pour relever un challenge stimulant et intéressant. Preuve en est, vous vous êtes mobilisé pour obtenir ce RV en menant avec précision une démarche réseau ou avez répondu efficacement à une annonce. Mais est-ce suffisant pour dire que vous êtes bien aligné et clair avec vous-même ?

Un préalable nécessaire

C'est un préalable nécessaire pour être percutant et convaincant dans tous les compartiments de jeu. C'est un travail que vous avez mené normalement en profondeur lors de la définition de votre projet. Pour être bon en entretien, vous devez défendre le bon projet qui comporte peut-être encore quelques zones d'ombre que vous devez mettre au jour impérativement et travailler.

Ne vous laissez pas déborder par votre inconscient

Ne pas avoir traité en amont une zone d'ombre, c'est prendre le risque qu'elle s'invite à l'improviste et de manière incongrue dans un entretien. Risquer de vous faire envahir par votre inconscient est inenvisageable en situation d'entretien. Votre inconscient a en effet la capacité de torpiller avec beaucoup d'efficacité les messages que vous êtes en train de faire passer et d'immiscer ainsi d'un seul coup le doute chez votre interlocuteur sur l'intégralité de votre candidature.

Les situations à enjeux forts sont typiquement celles où vos capacités de contrôle fonctionnent moins bien et donc se révèlent bien souvent des occasions parfaites pour que votre inconscient se manifeste.

Pour avoir recruté pendant de nombreuses années, je peux vous assurer que ces situations ne sont pas rares.

Pour le recruteur, c'est une note dissonante qui génère automatiquement le questionnement suivant :

- Pourquoi ce candidat me parle-t-il de ce sujet ?
- En quoi cette réponse est-elle en relation avec ma question, le fil de notre entretien ?
- Pourquoi ce candidat vient-il de dire exactement le contraire de ce qu'il m'a affirmé il y a quelques minutes ?
- Pourquoi ce candidat exprime-t-il au travers de sa gestuelle un comportement en totale contradiction avec ce qu'il est en train de me dire ?

Par expérience, j'ai remarqué que ce type de situation est paradoxalement plus facile à vivre par le candidat qui ne se rend pas compte de sa bévue.

◾ Facteur 2 : cultivez l'interactivité

Au cours d'un entretien, vous devez passer sans arrêt du rôle d'émetteur à celui de récepteur et vice versa. Les rôles ne sont pas fixes. Votre objectif est donc de trouver le bon équilibre entre émetteur, récepteur et silence.

Gérez votre temps de parole en visant l'équilibre 70 % émetteur et 30 % récepteur

La posture d'émetteur vous semble plus naturelle, car vous êtes là pour marquer les points. Mais poussé par la crainte de ne pas vous mettre suffisamment en valeur, vous pouvez avoir tendance à monopoliser le temps de parole.

Méfiez-vous des recruteurs peu actifs dans l'échange

Soyez vigilant, assurez-vous que votre interlocuteur est bien avec vous et qu'il interagit avec vous. Ne soyez pas dupe, si vous le voyez se reculer dans son fauteuil et opiner à intervalles réguliers avec des « oui, oui… » ou des « d'accord, d'accord… » ou encore des « hum, hum… ». Il fait souvent semblant de vous écouter très poliment et son esprit est alors à mille lieues de ce que vous lui racontez.

Dans les meilleurs des cas, votre recruteur vous enverra des signes pour vous indiquer que vous prenez toute la place et qu'il s'est retiré du jeu comme l'absence de contacts visuels, la lecture de documents autres que votre CV…

Les bénéfices d'une bonne interactivité

Une bonne interactivité va vous permettre de créer de la proximité avec votre recruteur. D'ailleurs, plus il s'investira dans l'échange, plus, *a priori*, il devrait s'investir pour soutenir votre candidature tout au long du process.

De plus, en le cantonnant dans un rôle de récepteur, vous ne pouvez pas contrôler qu'il vous suit vraiment et s'il a compris et intégré ce que vous cherchez à lui dire et surtout si ce que vous cherchez à lui dire l'intéresse.

Enfin, en ne lui offrant pas la possibilité de rebondir et d'apporter ainsi son point de vue, vous vous coupez d'une source d'information utile qui vous permettrait d'ajuster votre discours.

N'ayez pas peur du silence

Pour stimuler au maximum le potentiel d'interactivité entre vous et votre recruteur, organisez votre discours autour de pauses régulières.

Ne cherchez pas à vouloir « occuper le terrain » pour éviter d'être interrogé sur un point délicat de votre candidature. Dites-vous bien que si votre recruteur souhaite vous questionner sur un sujet que vous cherchez à éluder, il le fera de toute façon !

Pour autant, poser et accepter un silence n'est pas si facile en situation d'entretien. Un silence peut vous apparaître comme une éternité alors que, dans la réalité, il sera juste perçu comme un temps de respiration salutaire pour votre interlocuteur.

Exercice 57 – J'accepte les silences en entretien

1. Respirez. Pendant que vous respirez, *a priori*, vous ne pouvez pas parler. Cela vous évitera, par ailleurs, d'être en apnée et d'avoir la voix qui déraille.

2. Souriez.

3. Prenez des notes.

4. Obligez-vous à compter dans votre tête jusqu'à trois (comme les grands pros de la négociation) avant de repartir sur un sujet que vous aurez pris le soin de choisir avec attention pendant ces trois secondes.

5. Respirez encore, cela contribue à ventiler votre cerveau et peut vous aider à gérer votre stress... Vous en serez d'autant meilleur !

■ Facteur 3 : détectez les attentes de vos interlocuteurs

Pour détecter les attentes de vos interlocuteurs, il faut tout simplement que vous l'écoutiez. Cela peut paraître évident, mais cela vous demande de prendre du recul par rapport à tous les éléments que vous avez minutieusement préparés depuis que vous savez que vous avez rendez-vous avec votre recruteur et que vous souhaitez lui exposer. Pour pouvoir l'écouter, n'oubliez pas que vous devez lui permettre de parler.

Soyez particulièrement vigilant en début et en fin d'entretien

En début d'entretien, le recruteur cherche souvent à valider certains points essentiels pour le poste qu'il cherche à pourvoir.

Soyez donc très attentif aux précisions qui vous seront ainsi demandées en début d'entretien.

De même, en fin d'entretien, si votre recruteur vous a qualifié pour la prochaine étape, il vous distillera un certain nombre d'éléments pour vous aider à passer avec succès les prochains entretiens. S'il vous a retenu, c'est qu'il croit en vous et qu'il a donc intérêt à ce que vous fassiez la meilleure impression tout au long du process.

Proposez à votre recruteur des alternatives bien différenciées

Ce procédé consiste à construire vos interventions autour de trois thématiques et de laisser ensuite un léger silence pour que votre interlocuteur puisse vous relancer s'il le souhaite. Ainsi, si vous êtes relancé sur la deuxième thématique énoncée, vous savez que c'est *a priori* un sujet qui intéresse votre recruteur et qui est donc sans doute important pour le poste.

■ Facteur 4 : faites parler votre personnalité

Dans un processus de recrutement, un de vos objectifs premiers est de mettre en valeur vos spécificités, car ce sont elles qui vous permettront de faire la différence par rapport aux autres candidats.

Votre formation, votre parcours, les environnements dans lesquels vous avez évolué sont des éléments essentiels, mais sont-ils suffisants pour vous différencier ?

Que vous soyez un jeune diplômé ou un cadre confirmé, votre atout différence, c'est votre personnalité.

■ Facteur 5 : musclez votre discours

Vous disposez d'environ une heure pour convaincre mais aussi pour interagir avec votre recruteur. Pour être incisif, vous devez faire des choix et surtout ne pas vouloir tout dire.

Faites les bons choix

Faire les bons choix vous permettra de densifier votre discours et d'être ainsi plus percutant. Vous devez donc être sélectif.

Faire les bons choix, c'est choisir ce qui va intéresser votre interlocuteur mais aussi choisir :

- un fil conducteur pour insuffler une dynamique à votre propos ;
- une focalisation sur ce que vous êtes, avez fait, ce que vous ferez ;
- des éléments mémorables et mémorisables qui impacteront le recruteur ;
- des structures de phrases simples ;

- un vocabulaire précis et informatif;
- la juste part d'émotion.

Trouvez le bon rythme de parole

Il ne faut ni parler trop vite au risque de perdre votre recruteur ni, inversement, parler trop lentement pour ne pas l'endormir.

Idéalement, vous devez parler à un rythme soutenu avec des micro-pauses pour vous permettre de respirer. Et ce, non seulement afin de laisser du temps à votre recruteur pour intégrer votre discours, mais aussi intervenir naturellement dans l'entretien sans qu'il ait besoin de vous couper la parole.

L'équation gagnante : compact égale impact

C'est en étant compact que vous impacterez le plus. Délayer votre pensée ne peut que diluer votre impact.

Pour impacter en étant compact, appliquez la règle du «maximum trois idées». Rappelez-vous, votre recruteur n'est pas un surhomme, il ne peut pas mémoriser plus de trois idées à la fois. Soyez donc patient et pédagogue avec lui!

■ Facteur 6 : limitez l'imprévu pour mieux improviser

Plus vous aurez préparé à l'avance, plus vous serez meilleur pour improviser et construire des réponses percutantes. Préparer en amont va ainsi vous permettre d'avancer en terrain connu, mais aussi d'asseoir votre crédibilité. Par ailleurs, soyez rassuré, une bonne préparation ne vous empêchera pas d'être naturel. Tous les acteurs, conférenciers ou formateurs vous le diront : plus ils préparent, plus ils sont naturels.

Renseignez-vous sur l'entreprise et son recruteur

Préparer, c'est *a minima* vous être à l'avance renseigné sur l'entreprise, mais aussi sur votre recruteur. Pour cela, mobiliser votre réseau mais aussi toutes les ressources que vous offre Internet avec LinkedIn et Glassdoor.

Mettez vos ressources en ordre de bataille

Mettre en ordre de bataille vos ressources, c'est *a minima* être en capacité de présenter de façon claire et structurée :

- votre pitch ;
- votre parcours dans sa globalité ;
- chacune de vos expériences ;
- des éléments de votre personnalité ;
- vos attentes.

Anticipez les questions qui pourraient vous être posées

Pour chaque entretien, vous devez bien évidemment inventorier toutes les questions susceptibles de vous être posées en prenant en compte la nature du poste, votre profil et le parcours de votre recruteur.

■ Facteur 7 : gérez votre stress

Gérer le stress, c'est essentiellement le situer à sa juste place et se rappeler que le stress est une réaction normale à une situation menaçante ou du moins que nous percevons comme cela, c'est-à-dire avec un enjeu fort.

Vivez positivement le stress

En entretien, une certaine dose de stress est positive. Ce stress va vous permettre d'accroître vos performances et de stimuler vos capacités intellectuelles mais aussi votre créativité. Considérez qu'il vous est nécessaire tout comme le trac est nécessaire aux grands acteurs lorsqu'ils se produisent sur scène. Pour autant, si vous ne parvenez pas à le contenir, il peut devenir pénalisant.

Apprivoisez le stress pour en faire votre allié

Pour cela, démythifiez la situation d'entretien et faites confiance à vos capacités d'apprentissage. C'est souvent après avoir passé plusieurs entretiens que vous banaliserez la situation et que vous constaterez que votre niveau de stress diminue. Les premières fois sont toujours accompagnées de stress, mais l'expérience contribue à le faire baisser.

En cas de blocage fort, il peut être intéressant pour certaines personnes de s'appuyer sur des méthodes comme la sophrologie ou, plus simplement, d'utiliser certaines techniques respiratoires développées par le yoga.

En cas de panique pendant l'entretien :

- ancrez-vous dans le sol en posant bien vos deux pieds à plat par terre et représentez-vous vos pieds comme des racines qui vont vous apporter force et sécurité ;
- posez vos mains à plat pour sentir la table et revenir dans le monde réel et mettre ainsi à distance les émotions qui vous submergent ;
- respirez pour oxygéner votre cerveau.

Maximiser son impact dans les différentes phases d'un entretien

Un entretien de recrutement est classiquement structuré autour de plusieurs phases, il s'agit pour vous de les identifier au cours de vos entretiens. Selon ces différentes séquences, votre recruteur va chercher à recueillir des éléments particuliers qu'il compilera entre eux pour prendre sa décision.

L'accueil

Un entretien commence non pas quand vous vous asseyez dans le bureau de votre recruteur, mais dès que vous franchissez le seuil de l'entreprise. Pensez-y lorsque vous vous adressez à l'hôtesse à l'accueil ou lorsqu'une assistante vient vous chercher.

Votre pitch

Généralement, un recruteur, pour démarrer l'entretien, vous invite à vous présenter brièvement. Votre pitch est en quelque sorte une prise de connaissance qui va permettre à votre recruteur d'intégrer dans ses grandes lignes qui vous êtes et de vous situer déjà par rapport à sa problématique. Votre recruteur ne s'intéressa pas uniquement au fond de votre discours, mais sera également très sensible à la manière dont vous vous présentez.

Pour rappel, un pitch ne doit en aucun cas excéder deux minutes. Vous devez donc absolument être sélectif. Pour construire votre pitch, reportez-vous à l'exercice 31 *(p. 74)*. Dans le cadre d'un entretien de recrutement, vous devez aménager cette base en fonction du poste et de l'entreprise que vous rencontrez.

Une séquence sur votre parcours professionnel

Cette séquence est souvent centrée sur votre dernier poste, mais peut tout aussi bien être un passage en revue chronologique de l'ensemble de vos expériences depuis la fin de vos études. Il s'agit pour vous de vous adapter à la demande qui vous est faite. Lors de cette séquence, votre recruteur peut être très actif et diriger l'échange par des questions précises et pointues ou être simplement en retrait.

L'objectif de votre recruteur est de valider votre adéquation en termes de compétences avec la fonction proposée.

■ Une séquence « échange sur votre personnalité »

Rassurez-vous, votre recruteur n'est pas un psychanalyste et votre moi profond ne l'intéresse pas du tout. En revanche, il s'intéresse à votre personnalité car elle lui permet de mieux comprendre vos modes de fonctionnement et vos besoins, mais surtout de valider votre adéquation à la culture d'entreprise.

■ Une séquence présentation de l'entreprise et du poste

Cette séquence est souvent suivie d'un échange sur votre compréhension de la fonction, et votre projection dans la fonction.

L'objectif de votre recruteur est de :

- mieux comprendre comment vous vous projetez dans la fonction ;
- s'assurer que vous avez bien intégré les principaux enjeux de la fonction ;
- valider votre motivation. Bien connaître votre motivation est essentiel pour votre recruteur dans sa prise de décision. C'est aussi pour vous un point sur lequel vous pouvez faire la différence.

■ Une séquence optionnelle sur les éléments constituant la rémunération

L'objectif de votre recruteur est :

- de s'assurer de la compatibilité de vos attentes de rémunération avec la fourchette définie par l'entreprise ;
- d'étudier, dans certains cas, quelques aménagements au package proposé.

Gonfler son niveau de rémunération est un mauvais calcul car il pourra vous être demandé de produire votre contrat de travail, vos bulletins de salaire et votre plan de bonus, le cas échéant...

Si votre recrutement est piloté par un cabinet de chasseurs de têtes, vous avez une très forte probabilité que ces éléments vous soient demandés comme vous seront demandées des références.

▨ Adaptez-vous à l'ordre des différentes séquences choisi par le recruteur

L'ordre de ces phases varie bien évidemment en fonction de votre recruteur et de votre avancement dans le process. Un recruteur ne conduira pas son entretien de la même manière si c'est un premier, un deuxième, voire un troisième entretien ou encore un entretien de validation. D'une manière générale, la présentation du package n'est qu'exceptionnellement abordée lors d'un premier entretien.

Vous devez vous adapter au cheminement de pensée de votre recruteur. N'oubliez pas que ce n'est pas vous qui avez fait l'ordre du jour de ce rendez-vous. Ce n'est donc pas à vous de prendre la main. Votre recruteur est incontestablement le pilote à bord.

Vous pouvez tout de même vouloir imprimer votre marque en lui suggérant des points pour orienter ses questions, mais veillez à le faire le plus délicatement possible et à ne pas lui donner l'impression que vous pourriez remettre en cause son leadership. Soyez vigilant sur ce point, notamment avec des interlocuteurs RH qui ont des sensibilités particulièrement aiguisées sur ce sujet.

Pour préparer en détail ces phases, je vous invite à vous reporter à l'ouvrage que j'ai écrit spécifiquement sur l'entretien de recrutement *S'entraîner à l'entretien de recrutement... (Même à la dernière minute !)* (Eyrolles, 2017) qui, au travers de 60 exercices et de nombreux exemples, vous permettra de construire pas à pas votre propre discours pour chacune de ces phases et notamment de travailler en profondeur les questions sur la personnalité et la motivation.

Les questions pièges sont-elles toujours des questions pièges ?

Non, les questions pièges que vous percevez comme telles ne sont pas toujours posées avec cette intention par votre recruteur ! Mais elles peuvent le devenir...

Il faut donc que vous ayez non seulement intégré comment elles s'invitent dans un entretien, mais également acquis quelques éléments pour pouvoir y faire face par le haut et ne pas les redouter.

▨ Comment une simple question peut devenir une question piège

Bien souvent, votre recruteur ne cherche par sa question qu'à obtenir une clarification sur un point qu'il n'a pas bien compris ou sur lequel nous n'avez pas été totalement clair. Si c'est seulement un problème d'exposition de votre part, vous ne devez que réexpliquer ce qui n'a pas été compris.

Mais souvent, si vous êtes honnête avec vous-même, vous vous apercevrez que si vous avez été confus, c'est parce que vous n'étiez pas totalement clair avec vous-même. De son côté, votre recruteur n'est pas toujours conscient au départ d'appuyer sur un point problématique pour vous. C'est par votre gène et votre confusion qu'il va en déduire qu'il y a peut-être un problème et qu'il va chercher à creuser méthodiquement en aiguisant son questionnement... et là, cela peut devenir très compliqué pour vous.

■ Comment, sans le savoir, vous pouvez induire des questions pièges

Tout au long de l'entretien, votre recruteur enregistre des informations qu'il compile en permanence. Il traque les incohérences de votre discours. Il opère ainsi des rapprochements entre ce que vous avez dit et ce qu'il a perçu de vous dans les différentes phases de l'entretien.

Il peut ainsi rapprocher un de vos propos *a priori* anodin en phase d'accueil avec un autre point et en déduire une éventuelle zone de faiblesse chez vous qu'il va chercher à creuser.

■ Apprenez à gérer l'effet de surprise qui transforme une question en question piège

De votre côté, comme vous n'avez pas en tête le cheminement de pensée de votre recruteur, vous risquez d'être déstabilisé car vous ne comprenez pas pourquoi cette question vient à ce moment.

C'est souvent l'effet de surprise qui vous fait d'ailleurs percevoir une question comme une question piège. Pour éviter de faire de faux pas dans ces moments, ayez à l'esprit que cette question n'est pas forcément difficile, mais ce qui la rend difficile c'est que vous ne l'attendiez pas.

■ Les questions sur votre personnalité sont rarement de vraies questions pièges

En contexte professionnel, il est rare que vous soyez amené à parler de votre personnalité. De ce fait, en entretien, les candidats sont souvent mal à l'aise sur ce sujet. Certains vivent d'ailleurs les questions liées à leur personnalité comme des intrusions.

Dans les faits, votre interlocuteur ne cherche pas à vous piéger, mais à mieux comprendre vos modes de fonctionnement, vos attentes personnelles, vos valeurs, vos moteurs.

Exercice 58 – J'aborde les questions sur ma personnalité

1. Accueillez ces questions. Ne les prenez pas comme des agressions.

2. Mettez-vous au clair sur certains fondamentaux : vos qualités, vos défauts, vos moteurs, vos valeurs, vos attentes professionnelles…

3. Ne vous faites pas déstabiliser par des formulations auxquelles vous ne vous êtes pas préparé.

4. Ne cherchez pas forcément à apporter la réponse la plus ajustée si vous avez le sentiment d'être en difficulté sur cette question. Vous pouvez tout simplement tourner en boucle sur vos fondamentaux.

5. Dans la mesure du possible, cherchez à décrypter la question et les intentions de votre recruteur. Pour cela, il peut être utile de vous demander pourquoi cette question vous est posée maintenant.

■ Sachez parler d'une séparation avec un précédent employeur

La perte d'un emploi est une épreuve que chacun vit différemment selon son histoire personnelle, son tempérament et ses fragilités. Il est donc souvent difficile d'en parler. C'est une question souvent redoutée par les candidats, mais sachez qu'elle viendra forcément à un moment donné dans l'entretien. Il s'agit donc pour vous de vous y préparer et de ne surtout pas chercher à éluder le sujet. C'est une question que vous devez donc impérativement travailler pour mettre au point votre discours et ainsi pouvoir y répondre sans trop d'affect et de stress.

Soyez-en conscient, vous n'êtes pas un cas unique. Les séparations sont devenues de plus en plus courantes ces dernières années, le dispositif de la rupture conventionnelle les ayant rendues plus simples.

De nos jours, il n'est pas rare que des cadres à fort potentiel connaissent une ou plusieurs périodes de transition professionnelle et cela ne les empêche pas de réussir parfaitement dans leurs fonctions par la suite.

Exercice 59 – Je parle de ma rupture avec mon précédent employeur

1. Avant l'entretien, formulez les différentes manières dont un recruteur pourrait aborder cette question. Ne négligez pas cette étape, elle vous permet de vous approprier la question pour:
   - ne pas en avoir peur;
   - ne pas vous laisser envahir par vos émotions;
   - minorer le sentiment d'agression que vous pourriez ressentir.
2. Respirez avant de répondre, c'est votre manière d'accueillir la question.
3. Répondez de façon concise (grand maximum, une minute) pour ne pas « camper » sur le sujet.
4. Répondez de façon structurée, claire et logique, cela indique que vous avez pris du recul par rapport à la situation que vous avez vécue.
5. Présentez la situation initiale et l'arrivée d'un élément perturbateur afin d'inscrire votre départ de l'entreprise dans un processus logique.
6. Expliquez ainsi que la séparation est l'action qui a permis de dénouer la situation. Essayez idéalement d'introduire un élément explicatif du type évidence en jouant sur la logique d'exposition des faits ou en faisant référence à des événements parus dans la presse. Vous accrocherez ainsi l'attention de votre interlocuteur sur des éléments extérieurs à vous.
7. Ne reprenez pas la parole une fois votre réponse terminée! Acceptez le silence et attendez une réponse éventuelle sur ce sujet ou plus généralement sur un autre.
8. Ménagez des temps de respiration. Vous ne pouvez pas vous permettre d'être en apnée. Votre débit de parole doit être constant ainsi que votre volume sonore pour ne pas laisser penser que le sujet reste sensible pour vous.
9. Entraînez-vous. Vous ne devez en aucun cas hésiter.
10. Pour vous tranquilliser, préparez aussi vos réponses à d'éventuelles questions de clarification de votre recruteur.

Gérer l'après-entretien

Vous avez passé votre entretien, mais tout n'est pas terminé pour autant. Il vous faut évaluer votre prestation, mais aussi penser à remercier votre recruteur par mail. Soyez rigoureux, il serait dommage que vous perdiez des points en omettant de remercier votre recruteur ou en n'ayant pas mémorisé des informations importantes qui vous seront très utiles lors de votre prochain entretien.

▦ Optimisez vos performances par des débriefs précis

Soyez réactif, n'attendez pas plusieurs jours. Notre mémoire n'est pas infaillible. Astreignez-vous à cet exercice quelques heures après l'entretien ou, au plus tard, le lendemain. Orientez votre debrief autour de deux aspects.

Les informations que vous avez données et celles que vous avez recueillies

Lors de votre entretien, vous avez reçu une grande quantité d'informations sur l'entreprise et le poste. Dans la perspective des prochains entretiens, il vous faut maintenant les noter, les trier et classer tous ces éléments.

Notez également certaines des réponses que vous avez été amené à faire dans le feu de l'action et pour lesquelles vous ne vous sentez pas totalement aligné. Il ne faudrait pas que, lors d'un prochain rendez-vous, une question analogue vous soit posée et que vous fassiez une réponse différente, cela aurait pour effet d'immiscer le doute chez vos interlocuteurs.

L'évaluation de votre performance

Vous devez prendre du recul pour juger votre performance avec objectivité pour pouvoir progresser et être ainsi meilleur lors de votre prochain entretien. Il vous faut à la fois :

- porter un regard critique sur votre comportement en entretien ;
- analyser la puissance de votre discours ;
- identifier les points où vous avez été faible ;
- évaluer la qualité de votre préparation.

Remerciez par mail votre recruteur

Au plus tard, dans les deux jours qui suivent votre entretien, vous devez envoyer un mail de remerciement à la personne qui vous a reçu. C'est un usage que vous devez utiliser pour confirmer votre motivation. Attention, ce n'est en aucun cas la version « rattrapage » de votre entretien. Ne cherchez pas à refaire l'entretien par mail en apportant de nouveaux éléments ou en vous justifiant sur un point particulier. Vous ne ferez qu'ancrer le sujet dans l'esprit de votre recruteur.

Exercice 60 – Je rédige un mail de remerciement

1. Attendez le lendemain pour envoyer votre mail. Vous montrez ainsi que vous avez pris un minimum de temps de réflexion. Mais n'attendez pas plus de deux jours.

2. Commencez à remercier pour l'entretien en cherchant à qualifier la nature de l'échange que vous avez eu.

3. Reformulez très synthétiquement votre compréhension de la fonction. Dans cet exercice, appuyez-vous dans la mesure du possible sur des mots ou expressions propres à l'entreprise et à ceux de votre interlocuteur.

4. Réaffirmez votre motivation pour poursuivre le process.

5. Adaptez le ton de votre mail à la nature de l'échange que vous avez eu.

Certes, il est important que votre mail de remerciement soit habilement rédigé, mais le plus important est qu'il parte dans des délais convenables. Astreignez-vous donc à cet exercice dès le lendemain de votre entretien. Dans certains cas, il peut être judicieux de mettre en copie d'autres personnes que vous avez déjà rencontrées comme le chargé de recrutement, le DRH, votre futur N+1.

L'exemple de...

Victor au directeur marketing/vente d'un groupe dans le secteur de la grande consommation

Cher Monsieur,

Je vous remercie pour la qualité de notre échange d'hier qui m'a permis de mieux comprendre les enjeux commerciaux de Toplavie.

Je serais ravi de venir vous rejoindre pour participer à la mise en place d'une approche plus globale notamment sur la gestion de l'innovation à l'international et le déploiement de vos pépites !

Je vous confirme ma forte motivation pour continuer le process.

Très cordialement
Victor Trouvetout

À l'issue de la lecture de cette dernière partie, vous diposez des principales clés pour réussir vos entretiens de recrutement. Si vous n'êtes pas sur le point de concrétiser vos recherches, souvenez-vous qu'être recruté ne dépend pas *que* de vous et qu'un processus de recrutement est une longue course d'obstacles avec sa part d'incertitudes. Mais dans tous les cas, acceptez positivement les refus pour continuer à avancer.

En guise de conclusion

Votre lecture de ce livre est maintenant terminée et vous êtes sur le point, je l'espère, de démarrer le nouveau job qui vous correspond bien et dans lequel vous pourrez vous épanouir et vous développer.

Tout au long de votre recherche, vous vous êtes certainement découvert des ressources personnelles que vous ne soupçonniez pas.

En élaborant votre projet, en rédigeant vos documents marketing, en rencontrant et en élargissant votre réseau, en préparant et en passant des entretiens, vous avez développé de nouveaux savoir-faire et savoir-être et, surtout, vous avez appris sur vous-même. Vous avez été ainsi sans doute amené à revisiter vos modes de communication, découvrir votre capacité à créer votre chance mais aussi à accepter que vous ne pouviez pas tout contrôler. Conservez précieusement en mémoire ces éléments et appuyez-vous sur eux pour réussir dans vos nouvelles fonctions.

Exercice bonus – Je réussis ma prise de fonction

1. Investissez-vous dans des « *early wins* » (premier succès) en accord avec les valeurs de l'entreprise et ses priorités business.

2. Gardez à l'esprit que la manière dont vous décrocherez ces succès est aussi importante que leurs résultats.

3. Décryptez la « géographie relationnelle » de votre environnement et ses jeux de pouvoir.

4. Intéressez-vous au fonctionnement de votre patron et à ses attentes vis-à-vis de vous.

5. Intéressez-vous au fonctionnement de votre équipe.

6. Évitez d'arriver en terrain conquis, de critiquer et de faire référence à votre ancienne entreprise.

7. Soyez attentif à écouter, à observer avant de décider.

8. Ne vous isolez pas.

9. Cherchez à intégrer les codes de l'entreprise.

10. Continuez à entretenir votre réseau et mobilisez-vous pour vous en créer un solide en interne.

Vous n'avez pas encore réussi à concrétiser : quelles que soient les difficultés que vous rencontrez, restez positif. Émettre des ondes positives est toujours bénéfique en entretien… et un recruteur préférera toujours recruter un candidat positif plutôt qu'un candidat grincheux.

C'est donc en réussissant et en vous épanouissant dans votre vie personnelle que vous serez dans le meilleur mental pour réussir vos entretiens. Soyez donc bienveillant avec vous-même et apprenez à écouter vos voix intérieures tout en cultivant vos capacités d'émerveillement sans oublier de partager vos joies et vos bonheurs.

Annexes

CV de débutants

CV de Benoît Lebeau

Benoît Lebeau
benoit.lebeau@gmail.com
06 10 11 12 13

ASSISTANT MARKETING OPÉRATIONNEL TRILINGUE

ÉDUCATION

McGill University – Desautels Faculty of Management, Montréal, Canada   2018
Bachelor de Commerce, Majeure en International Management, Mineure en Allemand
Baccalauréat : Mention Très Bien (Paris)   2015

Langues : Bilingue en anglais et en allemand (TestDAF C1), notions en espagnol.

EXPÉRIENCE PROFESSIONNELLE

McDonalds. Kellogg's, Samsung, Hyundai... Montréal, Canada   2015-2018
Animations commerciales
* Interactions avec des clients pour promouvoir les marques,
* Mise en œuvre d'une expérience consommateur.

Mouton à 5 pattes Executive Search, Paris, France   2017
Cabinet d'Executive Search implanté en Europe   (2 mois)
Stage assistant de recherche
* Sourcing et qualification des candidats par téléphone,
* Étude de marché sur les solutions de recrutement digital.

Onefinestay (AccorHotels), Paris, France   2016
Start-up spécialisée dans la location premium court-terme d'appartements avec un service   (2 mois)
« 5 étoiles ». Acquis par AccorHotels en 2016 pour 170 millions $
Stage - Customer Care
* Développement d'une database pour permettre des réponses personnalisées aux questions
  des propriétaires,
* Interface avec l'équipe marketing pour des tests de pricing,
* Appui à l'équipe commerciale pour la mise en avant des appartements.

Onefinestay (AccorHotels), Paris, France   2015
Rapid Response Team   (1 mois)
* Relation avec une clientèle internationale,
* Inventaire de l'entrepôt journalier pour anticiper les commandes,
* Prise en charge de demandes diverses de clients avec un court délai.

ACTIVITÉS EXTRASCOLAIRES

MUS (Management Undergraduate Society), Montréal, Canada   2017
Prospection commerciale et négociation d'accords de partenariat

TedX Montréal, Montréal, Canada   2016
Bénévole

Aviron, scoutisme, course d'endurance (Semi-Marathon de Paris 1h44)

CV d'Antoine Gagneur

Antoine Gagneur
agagneur@gmail.com
06 01 02 03 04   **ASSISTANT TRADE MARKETING**
25 ans

Formation

2015-2018	**Institut Supérieur de Gestion** – Master II en Management Majeure Marketing
2012-2014	**Institut Supérieur de Gestion** - Classes préparatoires intégrées
2012	Baccalauréat ES

Expérience professionnelle

2014 - 2015
(6 mois) - France

FNAC SA – Distributeur de produits culturels
Assistant chef de produit Jeux Vidéo
- Pilotage de la conception des outils de communication sur lieu de vente, en liaison avec les équipes du marketing, de création et du pôle web,
- Interface avec les éditeurs de jeux vidéo : reporting des chiffres de ventes et de précommandes, validation des outils de communication,
- Réalisation et diffusion d'une newsletter hebdomadaire à destination de la force de vente FNAC.

2014
(3 mois) - France

BEABA – Création de sites internet
Analyste marketing et commercial
- Participation à la stratégie commerciale,
- Études de marché ; refonte de l'offre (prix, modèle),
- Prospection commerciale, ventes de créations de sites.

2014
(3 mois) - France

92 CIIVIS – Site internet d'informations locales (200 000 visiteurs/mois)
Chargé de publicité et commercial
- Mise en place des outils commerciaux (plaquette, élaboration de la grille tarifaire, positionnement marketing),
- Ventes d'espaces publicitaires.

2013
(4 mois) - Chili

COFACE Argentine – Assurance&crédit à l'exportation (4 400 salariés dans le monde)
Analyste de risques
- Mise à jour de la base clients et marketing direct,
- Développement commercial et gestion de la relation clients,
- Participation à la refonte du site internet.

2013
(5 mois) - Chili

SOLIDUR – Préfabricant de produits à base de béton
Chargé de mission export au Chili
- Réalisation d'une étude de marché,
- Rencontre avec des entreprises bétonnières chiliennes en vue d'une éventuelle implantation sur place de Solidur (filiale, joint-venture, etc.),
- Analyse sur le terrain de la demande et de la concurrence.

Compétences linguistiques et informatiques

- **Anglais** : courant
- **Espagnol** : courant – Semestre académique à Universidad Mayor (Santiago, Chili) 2013
- **Logiciels**: Pack Microsoft Office, Photoshop et iMovie

Centres d'intérêt

- Jeux vidéo : NES, N64, GCube, Wii, PS3, Xbox One, GB, GB Color, GB Advance, PSP, PS Vita
- Nouvelles technologies

CV de confirmés

CV de Sophie Mallige

Sophie Mallige
Sophie.mallige@malhec.com

DESS en Marketing Dauphine

DIRECTION COMMERCIALE
SECTEUR ASSURANCES

- Management d'équipes commerciales et marketing (jusqu'à 25 personnes)
- Conception de stratégies de développement et déclinaisons opérationnelles sous budgets contraints
- Conduite de projets complexes intégrant une multiplicité d'acteurs

Depuis 2016 ASSURAREVE Management de l'activité Partenariats
- Développement de l'activité : réseau partenaires / réponse aux appels d'offres
    4 grands comptes gagnés en 2018
    90 % objectif réalisé = 270 K€ = 4 M€ primes HT
- Animation et fidélisation d'un réseau de courtiers partenaires,
- Optimisation de la relation et du service client en interaction avec les DG, RH, IRP .
- Définition et mise en œuvre opérationnelle du plan d'action commercial de l'activité, avec des objectifs de pilotage financier,
- Implication dans différents projets transverses en liaison avec la finance, l'actuariat, la gestion, le juridique,
- Animation d'une équipe de 8 personnes

2011 - 2015 KEEPCOOL Responsable commercial
- Responsabilité d'un portefeuille clients de moyens et grands comptes | CA 1M€ = 8,2M€ primes HT
- Approche globale de conseil et d'accompagnement des clients et prospects dans l'élaboration de leur stratégie d'assurance, en intégrant les politique RH, les aspects juridiques, techniques et financiers
- Relations assureurs : sélection, appels d'offre, négociation
- En charge de l'ensemble des dossiers internationaux du département Assurances de Personnes

1995 - 2004 BNP -PARISBAS Direction des Particuliers et Professionnels
Responsable Études et Méthodes puis Responsable Développement Marketing Produits
- Élaboration et mise en œuvre opérationnelle des plans marketing multicanal : analyse des marchés et de la concurrence, CRM, définition des objectifs, des stratégies produits et des plans d'actions
- Lancement de la carte Infinite en collaboration avec la Gestion Privée et d'un service bourse via Internet
- Animation d'équipes de 5 à 25 personnes

1990 - 1994 LVMH Champagnes Moët-Henessy Directeur Marketing France et Export
- Définition et mise en place opérationnelle de la stratégie en France et à l'export : études, promotions, campagnes publicitaires, relations presse, évènements, salons

1986 - 1990 Procter et Gamble Assistant Chef de Produit puis Chef de Produit

CV de Pascal Precillio

Pascal Precillio
pascal.precillio@orange.fr
+ 33 (0) 6 00 00 00
Nationalité française

ingénieur Arts et Métiers 1993
Anglais professionnel
Mobile France et International

Directeur d'Usine

- Direction d'unités industrielles de plus de 500 personnes dans des environnements fortement processés avec des logiques de croissance ou de décroissance en France et à l'international.
- Mise en place de plans de transformation et d'amélioration continue dans des contextes fortement syndiqués.
- Direction de projets transverses en liaison avec la direction industrielle.

EXPÉRIENCE PROFESSIONELLE

Depuis 2007   **Groupe Best Isol – Leader mondial de l'isolation – 12 000 salariés – CA 4,2 Md€**

Depuis 2012   Directeur de l'usine de Labas (55) 550 personnes – 7 personnes en direct
Contexte de retournement de marché et usine fortement syndiquée.

- Mise en place d'un plan social avec suppression de 45 postes et recentrage de l'activité sur deux lignes de production.
- Transfert d'une ligne de production vers une autre usine du groupe.
- Optimisation de l'articulation entre la production et de la *supply chain.*
- Remobilisation de l'ensemble de l'usine autour d'un projet de modernisation associant la communication interne et les RH.
- Direction d'un projet transverse à l'ensemble du groupe visant à diffuser et implémenter les Best Practices.

2007 – 2012   Directeur de l'usine d'Ici (66) 180 personnes – 5 personnes en direct

- Mobilisation de l'ensemble de l'usine sur un plan d'amélioration continue ayant permis 22 % de gain de productivité en 3 ans.
- Mise en place sur l'ensemble de l'usine d'un plan sécurité avec une diminution de 20 % des accidents du travail en 2 ans.
- Participation à l'audit industriel d'une usine aux États-Unis dans le cadre d'une opération d'acquisition.

1995 - 2007   **Groupe Le Beau Papier – Leader européen – 16 usines - CA 950 M€**

2002- 2007   Responsable de production de l'usine La Prunelle (Coventry, Royaume-Uni) – 410 personnes – CA 250 M€

- Pilotage opérationnel dans plan d'investissements de 30 M€ sur 4 ans visant à une augmentation des capacités de production de 30 %.
- Encadrement de 6 lignes de production, soit 270 personnes.
- Redéfinition du process gestion des stocks,
- Responsable environnement du site.

1998 -2002   Responsable de production de l'Usine La Perle (89) – 120 personnes – CA : 45 M€

- Optimisation des lignes de fabrication par une nouvelle organisation.
- Renégociation et suivi des contrats d'externalisation de traitement de l'eau et de fourniture d'énergie.

1995 -1998   Responsable qualité de l'usine de La Fierté (45) – 190 personnes

- Diminution du taux de rebuts de 15 % en 2 ans.

1993- 1995   Responsable des investissements de l'usine de la Fierté (45) – 190 personnes

CV de dirigeants

CV de Laurent Jais

Laurent JAIS
École des Mines de Saint-Étienne
Institut d'Études Politiques de Paris

06 70 80 90 01
laurent.jais @gmail.com

DRH INTERNATIONAL GROUPE

- Définition et déploiement de politiques RH pour accompagner la transformation dans des contextes fortement syndiqués
- Alignement des organisations en fonction de la stratégie du Groupe
- Animation d'équipes RH multi culturelles (50 personnes)

Depuis 2007 : PLASTICO - Leader mondial en Chimie Fine - CA : 500 M€ - 3 500 salariés dont 50 % à l'international

Directeur de l'Organisation et des Ressources Humaines (Paris-La Défense)
Membre du Comité Exécutif, rattaché au CEO.
Dans un contexte de croissance (+7 % / an), avec des enjeux technologiques et industriels marqués et un environnement social fortement syndiqué :
- Déclinaison de la stratégie d'acquisition au plan RH,
- Alignement, déploiement et animation des politiques RH pour accompagner la transformation d'une entreprise de produits bruts en une entreprise de spécialités à forte valeur ajoutée,
- Définition d'organisations apprenantes et accompagnement à leur mise en place,
- Constitution d'une organisation internationale multiculturelle et matricielle sur 20 pays,
- Implémentation d'une culture d'innovation orientée client,
- Animation d'une équipe RH de 46 personnes dont 18 à l'international et professionnalisation ; modernisation de la fonction et des outils.

1991-2007 : GROUPE MASTERMINE - Mines et Métallurgie - CA : 3 Mds€ - 14 000 salariés.

2002-2007 : Directeur des Relations Sociales du Groupe (Paris)
- Pilotage de l'ensemble des négociations centrales Groupe, coordination des négociations locales et gestion et animation des Comités Groupes et Européens,
- Conseils et assistance aux responsables de site,
- Relations avec les pouvoirs publics pour la mise en place de plusieurs plans sociaux,
- Gestion des plans de stock-option et de l'épargne salariale.

2002-1998 : DRH du site de Louvois (07) - 450 salariés
Sur un site nouvellement intégré au Groupe très fortement syndicalisé :
- Mise en place et pilotage de l'ensemble des processus RH,
- Gestion au plan RH des fluctuations de charges,
- Co-animation d'une politique sécurité.

1991-1998 : Responsable développement RH d'une filiale en Pologne - 2 200 personnes
- Mise en place de la démarche formation,
- Recrutements, mobilité.

1987-1991 : ORGAPLUS
Consultant en organisation
- Pilotage de missions d'optimisation industrielle, qualité totale et d'organisation à dominante Ressources Humaines
- Développement commercial.

CV de Marie Lionne

Marie Lionne
EDHEC

marielionne@gmailcom
Tel : 06 10 10 10 00

DIRECTION GENERALE BUSINESS UNIT

- Gestion du P&L de centre de profit européen (1 Md €) et définition de Business Models innovants
- Conduite de projets dans des organisations multinationales et dans une structure « Start-Up »
- Expertise marketing (international, stratégique et opérationnel), vente (gestion cross-canal) et E-commerce
- Management du changement & coaching d'équipes multiculturelles, dans une organisation matricielle

EXPÉRIENCE PROFESSIONNELLE

ELECTROTOP – FRANCE (1er distributeur d'électrodomestique en France, CA 2,7 Mds€) Depuis 2013 *PARIS*

DIRECTEUR GENERAL DES SERVICES & ABONNEMENT
- Redéfinition de la stratégie et gestion de l'offre de services (extensions de garantie, assurances, SAV, crédit à la consommation, assistance, livraison, Telecom & Pay TV) et optimisation de son P&L (100 M€ profit)
  - Baisse des coûts, refonte de l'offre et des prix, renégociation des contrats avec nos partenaires
  - Développement de services innovants & différenciants (services d'assistance en magasin et à domicile)
- Restructuration complète de l'organisation : remobilisation d'une équipe réduite à 35 pers. sur de nouveaux projets

ELECTROTOP PLC – EUROPE (3e distributeur européen, opérant dans 9 pays, CA 6 Mds€, Paris) *PARIS / EUROPE*
VICE-PRESIDENT EUROPE en charge de : 2011-2013
- Définition et implémentation de la politique Cross-Canal du groupe dans les pays
- Mise en place d'une identité marketing harmonisée (merchandising, concept magasin, CRM, communication...)
- Développement de l'E-commerce dans les nouveaux pays (plateforme WEB, opérations & logistique, E-marketing)

ELECTROTOP TELECOM – FRANCE (200 M€, Fournisseur d'Accès à Internet) *PARIS*
DIRECTEUR MARKETING & CONTENUS 2007-2011
- Lancement de l'offre Internet (DartyBox ADSL & Très Haut Débit) et Téléphonie mobile de Darty :
  - Conception intégrale de l'offre, stratégie de conquête et de fidélisation, mise en place du marketing mix
  - Négociation des contenus (chaînes TV, musique...), gestion du site Internet et de la Vente à Distance

PHILIPS CONSUMER ELECTRONICS - EUROPE (CA 4 Mds €) *AMSTERDAM*
DIRECTEUR GENERAL BUSINESS UNIT AUDIO-VIDEO ENTERTAINMENT - EUROPE (CA 1 Md€) 2003-2006
- Gestion du P&L : Gain de profitabilité (EBIT + 3 pts) et position de leader européen gagnée en 2005
  - Gestion réussie du transfert d'activités vers le numérique et restructuration des activités en déclin
  - Création de business models différenciés par produit et par canal pour optimiser les coûts opératoires
- Management d'équipe multifonctionnelle et multiculturelle (80 personnes dans 25 pays)
- Conduite de projets stratégiques et organisationnels transversaux (pour le Comité Exécutif Global)

DIRECTEUR MARKETING VIDEO- EUROPE (CA 700 M€) 2000-2002
- Mise en place d'une politique marketing ciblée sur le consommateur, de la conception produit à l'après-vente :
  - Redéfinition complète des gammes de produits (spécifications, design, coût) et de la stratégie go-to-market
- Progression du CA de 20 %, traduit par un gain de parts de marché de 2 % (leadership, 22 % PM)

PHILIPS CONSUMER ELECTRONICS – FRANCE (CA 500 M€) *PARIS*
DIRECTEUR MARKETING AUDIO - FRANCE (CA 130 M€) 1997-1999
- Gestion et développement d'activité (chiffre & marge) : plus haute part de marché audio jamais atteinte (18%)
  - Mise en place de nouvelles méthodes : gestion de gammes, planification, gestion de la marge par client

DIRECTEUR COMMERCIAL REGIONAL – ILE-DE-FRANCE (CA 120 M€) 1994-1996
- Développement des ventes (+15%) dans tous les canaux ; Management d'équipe (15 personnes)

CHEF DE PRODUIT AUDIO PORTABLE, PUIS HIFI – FRANCE 1991-1993
ATTACHEE COMMERCIALE (Secteur Essonne-Yvelines, tous canaux) 1990

Vocabulaire pour rédiger un CV en anglais

Votre parcours académique sur un CV ?

Baccalauréat : French baccalaureat

Mention Bien : With distinction

Mention Très Bien : With honours

DEUG en… : Two years of University in…

Licence en… : Three years of University in… (equivalent to a Bachelor of Arts or Bachelor of Sciences)

Master : Master

École de commerce : Business school

École d'ingénieur : Engineering school

Doctorat : PhD

Spécialisation : Major

Mémoire de fin d'études : Dissertation (UK) ou memoir (US)

Liste mots-clés pour un CV

▪ Commercial

Rédiger une proposition commerciale : To write a business proposal

Élaborer une offre commerciale : To develop a commercial offer

Analyser l'offre et la concurrence : To analyze the offer and competition

Négocier les conditions et clauses commerciales : To negotiate terms and commercial conditions

Répondre à un appel d'offres : To reply to an invitation to tender

Obtenir une réduction : To get a discount

Gagner des parts de marché : To increase market share

Accroître la marge : To increase the margin

Fidéliser une clientèle : To build customer loyalty

Monter et négocier des partenariats : To set up and negotiate partnerships

Recruter et animer un réseau d'agents commerciaux : To recruit and manage a network of commercial agents

Assurer le suivi commercial : To be responsible for commercial follow-up

Réaliser des tableaux de bord : To set up dashboards

Vente directe : Direct sale

Grossiste : Wholesaler

Détaillant : Retailer

Succursales : Branches

Réseau de points de vente : Point of sale network

▪ Marketing/Communication

Réaliser une étude de marché : To conduct a market survey

Faire une étude de la concurrence : To make a competitive study

Identifier des cibles : To identify targets

Détecter les attentes clients : To identify customer expectations

Réaliser des études ponctuelles : To conduct one-off studies

Suivre et analyser des panels consommateurs : To monitor and analyze consumer panels

Promouvoir la marque : To promote the brand

Développer la marque : To develop the brand

Faire une recommandation : To make a recommendation

Concevoir une stratégie marketing : To devise a marketing strategy

Définir un plan d'action : To define an action plan

Optimiser les investissements : To optimize investments

Accroître la marge : To increase the margin

Gagner des parts de marché : To increase market share

Augmenter le panier moyen : To increase average spend

Étudier la notoriété : To study awareness

Participer aux salons professionnels : To take part in trade shows

Diversifier sa clientèle : To diversify a client base

Élaborer une stratégie : To devise a strategy

Créer des outils d'aide à la vente : To create sales support tools

Concevoir un argumentaire : To design a pitch

Collecter des informations : To collect information

Créer un site web : To create a website

Créer des supports publicitaires : To create advertising collaterals

Développer une gamme de produits : To develop a range of products

Revoir le catalogue de produits : To review the product catalog

Lancer de nouveaux produits : To launch new products

Analyser les données statistiques : To analyze statistical data

Mettre en place un challenge commercial : To set up a commercial challenge

Dynamiser les ventes : To boost sales

Incentiver les équipes commerciales : To incentivise sales teams

Tester des nouveaux produits : To test new products

Tester une nouvelle campagne média : To test a new media campaign

Organiser un événement : To organize an event

Monter des opérations de marketing direct : To set up direct marketing activities

Monter une opération pilote : To set up a pilot operation

Lancer une marque : To launch a brand

Conception et lancement de campagne de communication : To devise and launch a communications campaign

Optimiser les budgets média : To optimize media budgets

Assurer la relation avec les agences de communication : To coordinate relations with communications agencies

Élaborer un plan de communication : To devise a communications plan

Élaborer un plan média : To devise a media campaign

Négocier les achats publicitaires : To negotiate advertising spend

Activer les leviers de communication : To activate communications levers

Relations publiques : Public relations

Relations avec les institutionnels : Institutional relations

Relations presse : Press relations

Communiqué de presse : Press release

▪ Finance/Contrôle de gestion

Faire des montages financiers: To manage financial arrangements

Financer des équipements: To finance equipment

Atteindre l'équilibre financier: To reach break even

Construire un business plan: To build a business plan

Suivre la facturation, les budgets, les prévisions, les résultats mensuels: To monitor invoicing budgets, forecasts, monthly results

Mettre en place des tableaux de bord: To set up dashboards

Mettre en place des indicateurs: To set up indicators (KPI: Key Performance Indicator)

Élaborer les budgets: To devise budgets

Suivre les budgets et les dépenses: To monitor budgets and expenses

Garantir la rentabilité: To guarantee profitability

Mettre en place un nouveau système de gestion comptable: To set up a new accounting management system

Être responsable du reporting mensuel destiné aux actionnaires: To be responsible for monthly reporting to shareholders

Réaliser un audit: To conduct an audit

Définir et mettre en place des procédures: To define and implement procedures

Définir des indicateurs clés: To define key indicators

Rechercher des partenaires financiers: To identify financial partners

Élaborer des outils de contrôle de gestion: To develop management control tools

Refondre le système d'intéressement: To reshape the long term incentive plan

Être en charge des dossiers de financement et d'acquisition: To be in charge of financing and acquisition activities

Gérer la trésorerie: To be responsible for managing cash-flow

Gérer les relations avec les banques: To be responsible for relations with banks

▪ Juridique

Rédiger les contrats: To write contracts

Finaliser les contrats: To finalize contracts

Gérer les litiges: To manage disputes

Mesurer l'impact fiscal : To quantify a tax impact

Assurer le suivi juridique et administratif : To provide legal and administrative follow-up

Traiter des dossiers : To deal with issues

Conseiller et assister la direction commerciale : To advise and assist the sales department

Rédiger des clauses : To write clauses

Rédiger des conclusions : To write conclusions

Négocier avec la partie adverse : To negotiate with the adverse party

Valider un contrat : To validate a contract

Rédiger une plaidoirie : To write a pleading

Droit fiscal : Fiscal law

Droit patrimonial : Patrimonial law

Droit civil : Civil law

Droit des sociétés : Corporate law

Fusion et acquisition : Merger and acquisitions

Propriété industrielle : Industrial property

▪ IT

Gérer les prestataires : To manage providers

Mettre en place un nouvel ERP : To implement a new ERP

Établir un cahier des charges : To establish specifications

Paramétrer un système : To set up/to configure a system

Programmer des outils : To program tools

Planifier un projet : To plan a project

Définir les besoins : To define requirements

Recueillir les besoins des utilisateurs : To collate the requirements of users

Assister les utilisateurs : To assist users

Superviser et piloter les développements : To supervise and steer developments

Conduire la phase test : To conduct the test phase

Assurer la maintenance des systèmes : To ensure system maintenance

Aligner les systèmes d'information en fonction des besoins opérationnels : To align information systems according to operational needs

■ Ressources humaines

Recruter des équipes: To recruit teams

Piloter un programme de recrutement: To drive a recruitment program

Former des équipes: To train teams

Concevoir un séminaire de formation: To devise a training seminar

Choisir des prestataires: To select providers

Animer des formations: To animate training sessions

Intégrer les nouveaux collaborateurs: To integrate new employees

Recueillir les besoins de formation et de recrutement: To identify training and recruitment requirements

Identifier les hauts potentiels: To identify high potentials

Mettre en place une démarche de gestion des compétences: To implement a skill management approach

Animer la communication interne: To manage internal communications

Motiver des équipes: To motivate teams

Animer les relations avec les partenaires sociaux: To manage relations with social partners

Négocier des accords: To negotiate agreements

Piloter les négociations: To drive negociations

Maintenir un bon climat social: To maintain a good social climate

Assurer le suivi administratif du personnel: To provide administrative follow-up of staff

Être responsable de la paie et de la prévoyance: To be responsible for pay and pensions

Harmoniser les statuts du personnel: To harmonize staff regulations

Gérer l'épargne salariale: To manage employee saving

Mettre en place un accord de rémunération variable: To implement a variable pay agreement

Mettre en place des review de performance: To set up performance reviews

Élaborer des packages de rémunération: To devise compensation packages

Assurer la refonte du SIRH (système d'information RH): To redesign the HRIS

Concevoir et déployer des politiques et outils RH: To devise and implement HR policies and tools

Restructurer une activité : To restructure an activity

Organiser le transfert d'une activité : To organize transfer of an activity

Professionnaliser la fonction RH : To professionalize the HR function

Mettre en place des process RH : To set up HR processes

Être chargé des aspects disciplinaires : To be responsible for disciplinary procedures

Licencier des collaborateurs : To lay off/dismiss staff

Accompagner la transformation et le changement : To support transformation and change

Assurer un rôle de business partenaire : To ensure a business partner role

Implémenter une culture client : To implement a customer-focused culture

Aligner et déployer des politiques RH pour accompagner une stratégie : To align and deploy HR policies to support a strategy

▪ Production

Fabriquer des composants : To manufacture components

Assembler des pièces : To assemble parts

Fiabiliser un processus : To establish a process

Augmenter les capacités de production : To increase production capacity

Gérer les flux : To manage flows

Optimiser les flux : To optimize flows

Mettre en place des outils : To set up tools

Transférer une ligne de production : To transfer a production line

Restructurer un atelier : To restructure a shop floor

Développer et déployer des process : To develop and implement processes

Assurer la maintenance des équipements : To be responsible for equipment maintenance

Établir des standards : To fix standards

Piloter un processus d'amélioration continue : To pilot a process of continous improvement

Améliorer la chaîne de fabrication : To improve the production line

Suivre le processus de fabrication : To follow the manufacturing process

Assurer le contrôle qualité : To ensure quality control

Suivre et optimiser les stocks : To track and optimize inventory

Gérer les capacités des ateliers : To manage workshop capacities

Diminuer le taux de rebuts : To decrease rejection rates

Assurer la relation avec le bureau d'études : To coordinate the relationship with design offices

Réaliser des prototypes : To make prototypes

Veiller au respect de la qualité, des coûts et des délais : To monitor respect of quality, costs and deadlines

Mettre en place des procédures de fabrication : To implement manufacturing procedures

Rationaliser et mettre à jour des spécifications de fabrication : To streamline and update manufacturing specifications

Mener un audit qualité et un audit technique : To conduct a quality audit and a technical audit

Être responsable du développement des produits et des process : To be responsible for product and process development

Optimiser les moyens de production : To optimize the means of production

Diminuer le taux d'accidents du travail : To reduce the rate of accidents in the workplace

Sensibiliser à la sécurité : To develop awareness of security

Assurer la maintenance des équipements : To ensure maintenance of equipment

▪ Supply chain

Réduire les délais d'approvisionnement et de livraison : To reduce procurement and delivery times

Planifier la production et les approvisionnements : To plan production and supply

Réduire les coûts logistiques : To reduce logistics costs

Limiter les ruptures de produit : To reduce disruption to product supply

Prendre en compte les problématiques environnementales : To take into account environmental issues

Intégrer de nouveaux services : To integrate new services

Garantir la sûreté des approvisionnements : To guarantee security of supplies

Veiller au respect de la réglementation : To ensure compliance with regulations

Diminuer les coûts de transport : To reduce transportation costs

Gérer des entrepôts : To managge warehouses

Travailler en flux tendu : To work just in time

Ajuster les stocks aux prévisions de ventes : To adjust inventory to sales forecasts

Fiabiliser la planification : To make planning reliable

Suivre les coûts : To track costs

Analyser les processus : To analyze processes

Gagner de la performance : To raise performance

▪ Achat

Sécuriser les achats : To secure purchases

Optimiser les achats : To optimize purchases

Fiabiliser les fournisseurs : To make suppliers reliable

Analyser une famille d'achats : To analyze a purchasing family

Négocier des contrats d'achats et de partenariats : To negotiate purchases and partnership contracts

Élaborer des cahiers des charges : To elaborate specifications

Lancer des consultations : To issue consultations

Comparer les offres : To compare offers

Sélectionner les fournisseurs : To select suppliers

Traiter et suivre une commande : To process and track an order

Négocier les contrats : To negotiate contracts

Optimiser la base de données fournisseurs : To optimize the supplier database

Sourcer des fournisseurs : To source suppliers

Superviser et inspecter les fournisseurs : To supervise and inspect suppliers

Assurer l'interface avec la comptabilité : To interface with accounting

▪ Direction

Gérer un centre de profit : To manage a profit center

Réorganiser suite à une fusion/un rachat : To restructure following a merger or acquisition

Mettre en place des outils : To set up tools

Créer des outils de suivi : To create tracking tools

Mettre en place des procédures : To implement procedures

Définir une stratégie : To define a strategy

Identifier les leviers : To identify leverage

Créer un nouveau département : To create a new department

Négocier avec les repreneurs potentiels : To negotiate with potential buyers

Définir des priorités : To set up priorities

Superviser une activité : To supervise an activity

Améliorer des processus : To improve processes

Gérer un P & L (compte de résultats) : To manage a P & L/balance sheet

Dégager des points de marge : To achieve extra margin points

■ Management

Encadrer une équipe : To manage/lead a team

Coordonner les équipes : To supervise teams

Fixer des objectifs : To define aims

Mettre en place des tableaux de bord : To set up dashboards

Évaluer la performance (de ses équipes) : To evaluate performance (of teams)

Suivre les budgets : To monitor budgets

Respecter les plannings : To respect schedules

Piloter un projet ou une activité : To drive a project or an activity

Structurer une approche : To structure an approach

Définir une politique : To define a policy

Partager des best practices : To share best practices

Animer des groupes de travail : To animate working groups

Index des notions clés

Table des exercices

Table des matières